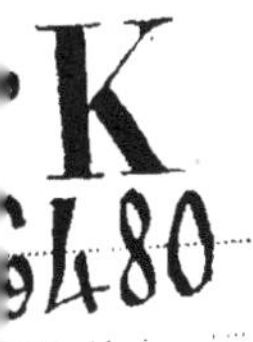

P. JOACHIM, Passioniste

Le Bienheureux Vincent-Marie Strambi

ÉVÊQUE PASSIONISTE

(1745-1824)

SOCIÉTÉ SAINT-AUGUSTIN, DESCLÉE, DE BROUWER ET Cie

LILLE — 59bis, rue Bonaparte, PARIS — BRUGES

1925

Le Bienheureux Vincent-Marie Strambi

DU MÊME AUTEUR

QUANT A NOUS ?... JÉSUS CRUCIFIÉ ! In-12 de 200 pages (Ce qu'est l'Institut de la Passion) 3 fr. 50 *franco.*

DE LA TOGE A LA BURE. — Le T. R. P. Jean-Charles Passioniste. (Armand de Pichard de la Tour, ancien conseiller à la Cour de Bordeaux) 1830-1913. Bel in-8° de 30 pages (épuisé ; nouvelle édition augmentée, en préparation)

PERLE DU CIEL. (Vie abrégée de Gemma Galgani). Plaquette de 70 pages in-16. 1 fr. 50 *franco.*

LETTRES ET EXTASES DE GEMMA GALGANI (Tradui de l'italien). In-8° écu de 300 pages, *franco,* 6 fr.

S'adresser au Bureau de la **Revue « Passioni-Sta »**, *à Mérigna (Gironde).*

Le Bienheureux Vincent-Marie STRAMBI

ÉVÊQUE DE MACERATA ET DE TOLENTINO

(Le Bienheureux portait souvent son costume religieux auquel il ajoutait simplement les insignes épiscopaux.)

P. JOACHIM, Passioniste

Le Bienheureux

Vincent-Marie Strambi

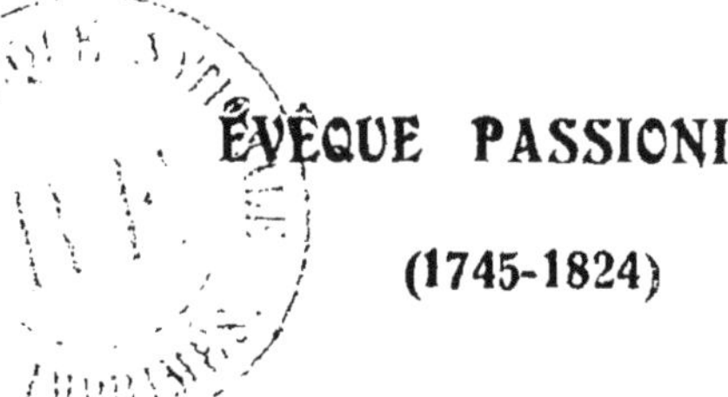

ÉVÊQUE PASSIONISTE

(1745-1824)

SOCIÉTÉ SAINT-AUGUSTIN, DESCLÉE, DE BROUWER ET Cie

LILLE — 59bis, rue Bonaparte, PARIS — BRUGES

1925

Humble protestation d'entière soumission au décret d'Urbain VIII, et des autres Papes sur la presse.

L'Auteur.

Typis edi permittimus, si iis ad quos pertinet ita videbitur.

Sylvius a S. Bernardo,
Præp. G^{lis} C. P.

IMPRIMATUR :
Insulis, die 20 martii 1925
G. Delbroucq,
vic. gen.

PRÉFACE

Cette biographie ne devait être d'abord qu'une réédition. En 1893 le R. P. Louis-Thérèse, de pieuse mémoire, avait publié une « vie du Vénérable Vincent-Marie Strambi. » Le talent littéraire du R. Père, et la prochaine béatification de son héros étaient, semble-t-il, un garant suffisant de succès. Nous sommes donc revenu à ce livre au début de l'année, et en grande hâte ; car on nous annonçait que dès le 26 avril l'auréole des Bienheureux resplendirait au front du vénérable évêque.

Dès l'avant-propos nous ne pouvions qu'être rassuré par cette confidence publique de l'auteur rempli de son sujet jusqu'à l'enthousiasme : « Serait-il téméraire, de le dire ? écrivait-il. Nous avons éprouvé un ravissement ineffable, et même je ne sais quelle onction, qui, s'échappant du cœur de notre Bienheureux, s'insinuait douce-

ment dans notre cœur. Rien de plus suave que de suivre dans ses étapes successives l'ascension des saints sur les hauteurs de la perfection évangélique. »

Nous ne demandions qu'à goûter nous-même, et à faire goûter sans retard à des milliers de lecteurs ces suavités surnaturelles. Malheureusement en relisant l'ouvrage et en recueillant l'impression de certains lecteurs, nous n'avons pas su découvrir les magnifiques horizons qui enthousiasmaient le premier biographe, ou plutôt nous n'avons pu voir d'assez près le détail édifiant d'une vie que nous voudrions connaître avant de l'admirer. Le R. P. Louis, enivré sans doute lui-même des parfums d'une âme en qui il a découvert comme en un jardin fleuri toutes sortes de vertus et de dons célestes s'est trop souvent contenté d'exclamer son admiration sans montrer assez ce qui la provoquait.

Il ne voulait « que reproduire les grandes lignes de cette belle et sainte vie » et se traçait un plan qui « lui interdisait d'en explorer les richesses intérieures. »

Ce fut notre regret de voir qu'il y avait été trop fidèle. Car c'est ce qui nous oblige à publier et trop rapidement le présent ouvrage.

Une biographie n'est pas un sermon, ni un panégyrique. Ce qui d'ailleurs auréole les saints à nos yeux comme aux yeux de Dieu ce ne sont pas nos louanges mais leurs œuvres. Laudent eam in portis opera ejus. *Le meilleur biographe comme le meilleur panégyriste serait donc celui qui montrerait le mieux un saint tel qu'il fut dans ses actes et dans son âme. Voilà ce qui intéresse, et qui édifie. Malheureusement cela n'est jamais pleinement réalisable. Les saints se cachent ; ils se couvrent de leur humilité comme d'un voile que leurs familiers eux-mêmes, ne pénètrent jamais entièrement. Il est bien difficile d'ouvrir la porte qu'ils ferment sur eux quand ils veulent prier Dieu dans le secret. Tiendrions-nous leur main gauche qu'elle nous laisserait ignorer toutes les aumônes de leur main droite. Habiles commerçants et infatigables travailleurs pour le royaume des cieux ils se gardent bien de publier leurs bénéfices ni d'échanger leur éternelle récompense contre la fausse monnaie des flatteries humaines. Et la conséquence pratique est que souvent nous ne connaissons que très imparfaitement ce qu'ils sont et ce qu'ils ont fait. Mais encore faut-il utiliser ce minimum connu quand on a réussi à le leur ravir.*

soit par de louables indiscrétions, soit par l'éclat d'une vie qui, malgré tout, a brillé devant les hommes, et les a portés à glorifier Dieu.

Notre Bienheureux a même été spécialement désigné à l'attention de ses contemporains. Prêtre, missionnaire, évêque, il a été, par vocation, placé plus avant et plus haut que bien d'autres. Encore simple religieux il eut des voix au conclave qui élut Pape Pie VII. Aussi les documents abondent pour refaire la trame purement historique de ses 79 ans. Sans les négliger nous avons voulu pourtant utiliser surtout ceux qui nous initient aux beautés intérieures de son âme.

Nous avons tâché, partout où le récit nous le fait suivre, de recueillir, au moins de temps à autre, quelques traits de ces vertus qu'il pratiqua constamment.

Et même, arrivé au terme de ce rapide tête-à-tête avec celui qui garde trop bien ses secrets intimes, nous avons voulu, dans un chapitre spécial, consigner un choix de souvenirs qui, tout en précisant le côté historique, révèleront encore davantage d'édifiantes vertus.

Nous avons ainsi utilisé de notre mieux tous les documents que rapidement nous avons pu recueillir. L'ouvrage du R. P. Louis nous a servi aussi chaque fois que ses données ont répondu à notre nouveau dessein. Nous faisons nôtres volontiers ces paroles de sa préface : « Le lecteur verra comment l'évêque de Macerata et Tolentino maintint à sa hauteur la dignité dont il fut investi ; comment, dans les bouleversements politiques de l'Europe, ce confesseur de la foi sut sanctifier son exil, dominer la tempête, et après la tempête, réparer les ruines morales et religieuses, non seulement dans son diocèse, mais dans tous les diocèses où le réclamaient les évêques, au nom du Souverain Pontife. »

Plus que jamais il nous est bon de constater l'héroïsme des grandes et petites vertus de ceux qui, comme nous et tout près de nous, ont trouvé des obstacles à la sainteté, et les ont courageusement surmontés.

Puissent ces pages, en nous montrant ce nouveau Bienheureux qui unifia toutes les situations de sa longue vie dans le constant souci de vivre saintement, nous convaincre, une fois de plus, que tout coopère à nous rendre meilleurs quand nous avons le sincère désir de le devenir.

CHAPITRE PREMIER

L'Enfance

TANDIS que saint Paul de la Croix était au plus fort de ses angoisses de Fondateur, Dieu lui préparait un enfant d'élite dans la proche cité de Civitavecchia. Là était né, le 1er janvier 1745, Vincent-Marie Strambi, ce futur compagnon de son apostolat et de sa glorification posthume.

Le père de ce jeune prédestiné, Joseph Strambi, s'était acquis dans le commerce une assez riche fortune. Il se voyait d'ailleurs parfaitement secondé dans ses légitimes sollicitudes par son excellente épouse, Éléonore Gori. Tous les deux étaient animés des mêmes sentiments de foi profonde et de charité généreuse. Ils offraient dans un siècle déjà incrédule et pervers l'idéale beauté d'un foyer où Dieu règne et où l'aumône est en honneur. Ménageant avec une exquise délicatesse la pudeur de l'indigence, ils temporisaient volontiers avec leurs débiteurs, et même souvent n'en exigeaient plus rien.

Modèles de régularité chrétienne, ils étaient pour tous un sujet d'édification par la pratique fréquente des sacrements.

Joseph faisait partie de la confrérie du Saint-Nom de Jésus, érigée dans l'église des Dominicains, et il en accomplissait fidèlement les obligations. Il concourut par ses largesses à l'érection d'un magnifique autel dans ce même sanctuaire, et fit don à la Confrérie d'un grand établissement qu'il dota à perpétuité pour l'entretien de l'oratoire et les honoraires d'un chapelain.

On voudrait tout mentionner. Signalons seulement qu'il fonda aussi une école de jeunes filles, et donna un certain fonds destiné à la dotation des jeunes personnes pauvres de la ville.

Éléonore, intelligente, modeste et non moins pieuse, rivalisait avec son époux pour multiplier les bonnes œuvres et soutenir de ses largesses ceux qui s'y consacraient.

Ils eurent quatre enfants. Mais trois encore en bas âge furent ravis à leur affection. Un seul leur resta comme un ange consolateur de ces deuils successifs. Ce fut notre Bienheureux. Il reçut au baptême les noms de Vincent-Dominique-Salvator.

Sa vertueuse mère n'attendit pas le premier éveil de la raison pour imprégner ce tendre cœur des sentiments de la piété. Souvent elle lui parlait des bontés de Marie, la maman du ciel, de l'amour de Jésus, crucifié pour nous. Et il répétait ces noms bénis avec une grâce et un sourire qui semblaient faire croire qu'il en comprenait la grandeur et en goûtait la suavité. C'était merveille de voir combien cette belle âme s'ouvrait aisément aux impressions de la divine grâce.

Bientôt Éléonore le conduisit à l'église, et lui apprit par son exemple avec quel respect on doit s'y tenir. Entendait-il parler de Dieu, il prenait aussitôt un air attentif et recueilli.

Il était toutefois d'un naturel vif, ardent, prompt, impétueux, ami de l'action et du mouvement. Mais il ne tarda pas à modérer cette exubérance, et à la transformer en cette aimable modestie qui sied si bien aux adolescents. On ne vit bientôt plus en lui que douceur, docilité, obéissance.

Le 2 mai 1752, à l'âge de huit ans, il reçut le sacrement de confirmation des mains du Cardinal Oddi, évêque de Viterbe, qui avait alors juridiction sur Civitavecchia. Armé de la force d'en-Haut avant l'heure du combat, nourri du pain des forts, solidement établi sur les principes de la foi, le jeune chrétien accéléra ses progrès dans la vertu.

Sa précoce fidélité à la grâce avait déjà reçu le don de la prière, le goût de ce qui a trait à la religion. C'étaient là des signes précurseurs de sa vocation.

Dès lors Vincent érigea dans la maison paternelle un petit autel, où, imitant les fonctions sacrées de l'Église, il offrait à Dieu les premiers hommages de son cœur pur. Là, déjà il aimait à se retirer dans la solitude et le silence ; et fermant la porte de son petit oratoire, sous l'impulsion de celui qui se communique aux âmes innocentes et simples, il s'abandonnait naïvement aux attraits du divin amour.

On ne fut pas sans désirer savoir ce que pouvait faire cet enfant dans une retraite si prolongée. Sa mère regarda à travers le trou de la serrure et l'aperçut tantôt à genoux profondément recueilli, tantôt prosterné contre terre, tantôt ses petites mains élevées vers le ciel. La prière sortait de ce cœur candide comme d'un encensoir tout neuf monte vers l'hostie la fumée de l'encens.

Heureuse mère ! elle sentit ses yeux se mouiller de larmes et son cœur s'attendrir avec une sorte de vénération pour ce petit séraphin. Elle venait, en effet, de contempler autre chose qu'un jeu d'enfant. Dieu déjà attirait son élu et le dégageait de la terre, en lui inspirant une profonde aversion pour les frivolités mondaines.

En voici une preuve charmante. Un jour, le jeune Vincent devait être présenté à Son Éminence le cardinal Albani. Sa mère, bien entendu, avec ce goût et cette grâce dont les mères ont le secret, s'empressa d'enjoliver son petit personnage, de le parer comme aux jours de fête. Et pour lui donner encore plus d'élégance, elle y ajouta la parure inaccoutumée de belles manchettes blanches. Par respect pour sa mère, l'enfant, quoique bien confus, garda le silence ; mais après la visite, il pleura tout le long du jour, comme s'il eût commis un grand péché de vanité.

Évidemment, en cette jeune âme apparaît déjà l'aube d'une vie qui ne sera pas vulgaire. Ses études élémentaires révélèrent une intelligence exceptionnelle. Le sérieux, l'application et le succès avec lesquels il suivit ses cours secondaires au couvent de Saint-François, ravirent son maître, le P. Pennesi, qui présagea dès lors un brillant avenir pour un tel élève.

Vincent ne se distinguait pas moins parmi ses condisciples par sa réserve, ses manières affables et sa docile piété. L'étude, la prière, absorbaient déjà sa vie.

L'Eucharistie surtout attirait et ravissait ce cœur pur. Cet attrait était si sensible, que l'enfant non content de visiter souvent le T. S. Sacrement et de communier le plus possible, prolongeait encore chez lui l'expression de ses hommages à Jésus-Hostie en se mettant à une fenêtre qui donnait du côté de l'église.

Sa vocation au sacerdoce et à l'apostolat se dessinait de plus en plus : l'attrait de la nature et l'onction de la grâce le marquaient, ce semble, des signes les moins équivoques pour ce grand ministère.

Il aimait, on l'a vu, les choses d'église ; cet amour, il l'avait communiqué à l'un de ses petits compagnons, pieux comme lui. Dans le petit oratoire de famille, après quelques cérémonies de ce genre, il le faisait asseoir ; puis gravement il lui adressait un *discours*, et son jeune auditeur, non moins sérieusement, l'écoutait.

Encouragé par ce premier succès, et cédant à l'ardeur de son zèle réel pour le bien des âmes, il s'en allait les jours de fête, par les rues de la ville, appelant au son d'une clochette des groupes d'enfants qu'il conduisait à l'église de Saint-Antoine ou de Saint-François.

Là, les rangeant en couronne autour de lui, il leur expliquait le catéchisme avec autant de gentillesse que de fermeté. Aux plus zélés il distribuait des images ; aux négligents il adressait des réprimandes.

Le curé de Sainte-Marie, témoin de cet heureux ascendant de la vertu sur un petit peuple si léger par nature, et reconnaissant par ailleurs que ce qu'enseignait Vincent, avec tant de charme et d'intérêt, était bien la pure doctrine chrétienne, l'institua son *catéchiste officiel*. Il n'eut qu'à se féliciter de ce coadjuteur improvisé.

Mais un trait qui achève la beauté morale de cette enfance, c'est une tendresse de cœur, une touchante commisération pour les pauvres. Cette charité pleine de grâce, de délicatesse, avait déjà des saillies qui faisaient pressentir l'héroïsme dans un avenir prochain. Après avoir donné tout ce qu'il avait, le jeune Strambi se dépouillait même de ses vêtements. Il n'était pas rare qu'il rentrât à la maison, tantôt sans veste, tantôt sans bas, tantôt sans souliers, et même sans chemise préalablement ôtée en secret.

Un jour ce fut bien autre chose. Un pauvre petit mendiant lui demanda l'aumône. La misère est extrême ; son cœur s'émeut. Hélas : il n'a plus rien. Que faire ? Il réfléchit un instant ; puis donne tout à coup ce que le bon roi Dagobert n'avait mis qu'à l'envers. Grand, néanmoins, fut ensuite son embarras. Couvert de confusion, il court en toute hâte à la maison, s'enveloppe d'un vieux rideau, et attend patiemment qu'on lui apporte ce qui lui manquait.

Le Consul de France, M. Vidau qui avait été témoin de ce fait, le rapporta à ses enfants et le leur rappelait souvent pour leur inspirer une grande charité envers les pauvres.

Les parents de Vincent, très charitables eux-mêmes, se réjouissaient intimement de constater d'aussi frappantes manifestations d'une vertu qu'ils avaient inspirée. Son père, toutefois, voulut un jour l'éprouver : « De quel droit, lui dit-il, te permets-tu de dilapider un bien qui ne t'appartient pas ? Tu donnes à tort et à travers tout ce qui te tombe sous la main, et jusqu'aux vêtements. Et qui t'en a donné la permission ? Est-ce que, par hasard, tu te crois le maître ici, et le maître absolu de toutes choses ? Vraiment je n'attendais pas de toi une pareille façon d'agir, après tous les soins que ta mère et moi, nous t'avons prodigués !... »

L'enfant écouta la réprimande en silence. Son attitude humble et modeste disait assez qu'il était tout confus d'avoir donné lieu à cette verte correction. Pas un murmure, pas le moindre mouvement d'impatience malgré la spontanéité de son ardente nature.

Il savait déjà se dominer lui-même avec la fermeté d'une âme qui se montrera si magnanime dans les circonstances les plus critiques d'une longue vie.

Tant de candeur, de piété et d'intelligente bonté rayonnaient en lui, que dans Civitavecchia on se disait, sans ombre d'ironie en le voyant passer : « Voilà le petit saint ! »

Et cette voix du peuple sera un jour la voix de Dieu.

CHAPITRE II

Le premier appel

VINCENT ménageait ainsi prudemment le passage, toujours si critique, de l'adolescence à la jeunesse. La mortification fortifia sa volonté ; et la prière, les sacrements apportaient à son âme un surcroît de lumière et d'énergie.

L'oraison et l'esprit de pénitence furent les deux anges gardiens auxquels il confia sa pureté. L'austérité maintint ses passions soumises, la méditation, ravivant quotidiennement son amour pour Dieu, lui donnait comme des ailes pour s'élever vers ces régions de l'âme où tout s'épure et *s'angélise.*

Cette sérénité de cœur que ne troublait aucune ombre d'en bas, lui découvrit, avec une divine clarté le néant des créatures et le tout de Dieu. Il comprit aussi que ce Dieu le voulait tout à lui. Sa résolution est prise : il sera prêtre.

Il s'en ouvrit donc à son père, qui fut d'abord profondément ému et même attristé. Mais dans ce combat de la nature et de la grâce, la foi de ce robuste chrétien remporta la victoire. Et Joseph Strambi donnant enfin son consentement, offrit à Dieu le sacrifice du seul fils qui lui restait et sur lequel il avait fondé ses espérances de famille.

Heureux et fier de ce consentement, Vincent se hâta

de revêtir la soutane. Ce saint habit était bien le symbole d'une modestie qui l'ornait déjà et d'une immolation à laquelle il aspirait.

Bientôt il recevait la tonsure et les ordres mineurs. Et en prenant le *Seigneur pour la part de son héritage*, il éprouva avec une ineffable dilatation de tout son être, un besoin nouveau d'être lui-même à Dieu sans réserve. Ses prières devinrent encore plus ferventes, son recueillement plus sensible dans la vie ordinaire et surtout devant l'autel, où son attitude rappelait saint Louis de Gonzague.

Il se fit de l'étude assidue un devoir sacré, et comme une continuation de sa prière. En dehors de ses exercices de piété il y consacrait à peu près tout son temps.

Chez lui, dit un témoin, on le trouvait toujours, ou un livre en main ou s'exerçant dans son petit oratoire aux cérémonies de l'Église.

Bientôt à ce laborieux écolier il fallut ouvrir un plus vaste champ d'étude, tout en abritant sa vertu contre les atteintes du monde. Son père, malgré ce qu'avait de pénible pour son cœur l'éloignement de son fils unique, l'envoya au séminaire de Montefiascone, qui à cette époque jouissait d'un grand renom.

Dans ce nouveau séjour Vincent se montra tel que nous venons de le voir dans sa ville natale, mais avec plus de maturité. Aussi ses succès littéraires ressemblèrent-ils à de petits triomphes. Il les couvrait d'ailleurs de tant de modestie que ses rivaux étaient les premiers à y applaudir.

Il fut pourtant rappelé, son père tenait à l'envoyer à Rome comme dans un centre encore plus favorable à tout enseignement supérieur.

Il semble qu'en cette circonstance le jeune abbé ait

laissé paraître l'idée d'embrasser la vie religieuse, car nous lisons dans les Procès : « Au retour du séminaire dans sa famille, il se présenta à son père et lui demanda la portion de son héritage. Son père lui ayant répondu que tout serait à lui puisqu'il était le seul fils, celui-ci renouvela ses instances. Et après avoir reçu la même réponse il se tourna vers un crucifix et dit que c'était là *son héritage*, parce qu'il voulait entrer dans l'état religieux. A ces paroles le bon vieillard ne put se défendre d'une profonde émotion ».

Cependant, persuadé peut-être que ce n'était là qu'une aspiration passagère, il le laissa partir pour Rome.

Là, au collège Calasanzio, brillait alors un maître de l'éloquence, le P. Bongiocchi des Écoles-Pies. C'est auprès de ce professeur émérite que notre séminariste, âgé de dix-neuf ans, inaugura ses cours.

Le R. Père ne tarda pas à découvrir dans son nouvel élève une belle intelligence et un noble cœur. Il présagea dès lors les grandes et saintes choses qu'on devait attendre de ce grand talent et de cette angélique piété. De longues années après, lorsqu'il parlait des hommes remarquables formés à son école, il mettait toujours au premier rang le P. Vincent Strambi.

Quant à celui-ci, Rome lui fut comme une Thébaïde : l'église, l'école, sa chambre, étaient comme des sanctuaires où se plaisait uniquement son âme. La prière, sanctifiant l'étude préservait sa piété des aridités de la science, fortifiait sa vertu contre les séductions du monde, et comme un arôme divin conservait dans son cœur sa sainte vocation qu'il ne perdait jamais de vue.

Il en donna une preuve nouvelle à cette époque. Il était à Rome depuis quelque temps, lorsqu'il reçut une lettre de Civitavecchia, qui aurait pu jeter dans l'hésitation une volonté moins bien trempée que la sienne. Ses parents lui représentaient avec une douce et forte insinuation qu'étant l'unique soutien de la famille il devait renoncer à l'état ecclésiastique et songer au mariage.

Inébranlable dans sa première résolution, il répondit à son père avec une respectueuse fermeté et inséra dans sa lettre une image de la Vierge Marie, avec ces mots : *Voilà mon épouse !*

Deux années environ se passèrent ainsi dans l'étude des sciences, de la philosophie, et de l'art de bien dire. L'heure était venue d'aborder les attirantes profondeurs de la théologie, de l'Écriture et des Pères.

C'est à Viterbe que sur la fin de 1765 nous le retrouvons se préparant au sacerdoce par tout ce travail intellectuel. Pourquoi avait-il quitté la ville Éternelle alors que ce séjour paraissait plus opportun que jamais ? Nous l'ignorons. Mais peut-être que ses parents, résignés au grand sacrifice, exigèrent au moins que leur fils fît sa théologie dans son propre diocèse, dans l'espoir de l'avoir, au moins, un jour auprès d'eux.

Au couvent de Sainte-Marie in Gradi près de Viterbe, le P. Soldati, Dominicain, donnait alors avec éclat des leçons publiques de théologie. L'abbé Strambi devint l'un de ses disciples les plus en vue. Le nouveau venu, déjà familiarisé avec nos mystères catholiques par une méditation assidue, se délecta dans cette *science de Dieu,* vaste synthèse des œuvres divines et reine de toutes les sciences.

Sa perspicacité étonna autant que sa vertu édifia : il fut un élève parfait. Il s'acquit alors pour toujours cette solidité de doctrine, cette exactitude de langage que plus tard ne pouvait assez admirer le savant Cardinal Gerdil, allant jusqu'à le citer comme un modèle.

Si son intelligence montait rapidement dans la lumière, son cœur aussi faisait de nouvelles ascensions vers l'amour divin. Sa vie était entièrement compénétrée par les exercices de piété.

Après avoir pris quelque temps pension chez le curé de Saint-Pellegrin, notre étudiant fixa sa résidence dans l'honorable famille Cataldi, sur la paroisse de Saint-Sixte.

Le matin il se rendait à l'église des Frères Prêcheurs ; et dans le recueillement de l'oraison il entendait la sainte messe. Sa vue seule était une prédication, une muette exhortation à honorer le Dieu de nos autels.

Parfois néanmoins il y ajoutait volontiers une parole pleine d'à-propos. Le chanoine Cinquini a déposé dans les Procès que, tout jeune encore, ayant servi la messe à laquelle avait assisté Vincent, celui-ci le prit à part, et, avec cette affabilité qui le caractérisait, il l'exhorta doucement à la modestie, au recueillement qui convient aux cérémonies saintes, lui disant entre autres choses : « Quand vous servez la messe, faites bien attention où vous êtes et à ce que vous faites ».

Ce trait bien simple, recueilli comme par hasard, nous montre cependant avec quel esprit de foi il assistait lui-même au saint sacrifice, et recevait la divine Eucharistie.

Le soir il se retirait dans sa chambre dont une fenêtre regardait l'église des Carmes ; et là encore, à genoux, attiré par les charmes irrésistibles du tabernacle, il s'épanchait en de brûlantes effusions d'amour pour Jésus qui s'y cache.

Monsieur Cataldi avait deux fils qui commençaient à aller en classe. Vincent les appelait, leur parlait des amabilités de Jésus, et leur enseignait quelques belles prières. Puis, se faisant leur répétiteur, il assurait leur progrès dans l'étude.

Il profita aussi de l'heureux ascendant que lui donnait sa vertu et la bienveillance de ses hôtes, pour introduire dans cette famille l'excellente pratique d'une bonne lecture pendant le repas.

On le voit, à Viterbe comme ailleurs, cette vertu ne se démentait pas et restait un modèle pour tous. Le Cardinal Oddi, évêque de ce diocèse, ne tarda pas à en être informé, et voulut fixer un tel sujet à son Église en l'appelant au sous-diaconat.

Vincent avait vingt-et-un ans révolus. Son âme tressaillit de bonheur : il était donc venu le moment après lequel il avait tant soupiré, le moment de contracter l'indissoluble engagement d'être à Dieu seul pour toujours.

Pour mieux se pénétrer encore de la grandeur et de la sainteté de cette irrévocable consécration, il se retira dans la solitude de la Quercia, où les Pères Jésuites donnaient les Exercices Spirituels aux Ordinands.

L'un de ces religieux lui a rendu plus tard ce témoignage : « Durant ces jours, l'ayant vu de près, je pus encore mieux observer sa conduite qui était vraiment exemplaire. Au chœur aussi bien qu'aux instructions, dans la chapelle ou en d'autres lieux, il apparaissait partout comme un vrai miroir de modestie ».

C'est le 24 mai 1766 que, courbé sous la main du Pontife et sous la grâce de l'Esprit-Saint, l'abbé Strambi fit le grand pas. Le 14 mars de l'année suivante, avec la même ferveur et la même préparation, il reçut le diaconat des mains de Mgr Aluffi, évêque de Bagnorea.

Cependant au séminaire de Montefiascone on n'avait pas oublié Vincent. Et voici même que Mgr Giustiniani le réclamait avec instances comme surveillant, ou préfet, dans son établissement. Il l'obtint.

Quelle fut la vie du jeune diacre dans ce nouvel office ? Un témoin va nous en dire quelque chose : « Durant le temps qu'il fut à Montefiascone, il donna toujours des preuves éclatantes de vertu et de sainteté ; et l'opinion générale le tenait pour un saint. Je me souviens très bien qu'il observait avec la plus grande exactitude jusqu'aux plus petits points du règlement. L'ardeur de sa piété paraissait surtout dans l'angélique modestie qu'il gardait à la chapelle. Il s'approchait souvent des sacrements. Les jours de fête, avec deux autres surveillants, ses amis, il se levait bien avant la communauté, pour descendre à l'église et faire ses exercices de dévotion. Je me souviens encore que dans la chapelle il récitait très pieusement l'office divin, sans jamais lever les yeux de son bréviaire. On voyait en lui une grande exactitude, une profonde attention dans la récitation des prières communes, ainsi que dans toutes les pratiques de piété. Il était déjà considéré, non seulement par les élèves, mais encore dans tout le séminaire, comme un homme d'une vie sainte et exemplaire.

« Dans sa conversation. il gardait une telle réserve que jamais de sa bouche ne sortait une parole inutile. Jamais il ne se départit de la modestie des yeux et de tout son maintien. Aussi, malgré sa jeunesse, était-il un grand sujet d'édification pour tout le monde.

» A table, il pratiquait la mortification, et souvent s'abstenait de quelque mets plus délicat. Ce qu'on admirait aussi en lui c'est que toujours, été comme hiver, il faisait usage d'une soutane de serge. On ne pouvait l'attribuer qu'à son amour de la pauvreté et au mépris de lui-même. Car tous savaient que sa famille n'était pas pauvre, et que son père, qui l'aimait tendrement, ne l'aurait laissé manquer de rien ».

Ce bel éloge est encore complété par ce que dit le même témoin sur la manière dont Vincent s'acquittait de sa charge au séminaire : « C'était avec la plus grande exactitude, une attentive vigilance sur la conduite des jeunes gens qui lui étaient confiés. Concernant surtout la vertu angélique il redoublait de sollicitude. Il exigeait la plus grande réserve, et présidait lui-même au lever et au coucher, afin que tous fussent d'une irréprochable modestie. Il voulait en outre qu'on eût, au lit, les mains croisées sur la poitrine. Avec une sollicitude presque maternelle il veillait encore sur leur sommeil. — Bannissant d'ailleurs toute raideur exagérée, sa façon d'agir était pleine de suavité. Il aimait que les jeunes gens fissent de l'exercice et s'adonnassent à des jeux intéressants ».

Un dernier trait que nous empruntons au même témoin semble déjà faire pressentir le futur prédicateur de Jésus crucifié dans ce parfait surveillant : « Je me souviens encore, dit-il, que pour favoriser la dévotion à la Passion de Notre-Seigneur il tenait à ce que ses élèves eussent une petite croix de bois sous leur habit ».

Pendant ce temps-là les études théologiques devaient aller de pair ; car le sacerdoce n'était plus loin. C'est dire quelle confiance on faisait déjà aux capacités et au dévouement de ce tout jeune diacre.

CHAPITRE III

Le sacerdoce

VINCENT songeait déjà à se retirer dans quelque pieuse solitude pour se préparer comme dans un cénacle à l'effusion de l'esprit sacerdotal sur son âme. Mais l'éclat de sa vertu et de sa précoce maturité avait tellement frappé Mgr Aluffi, qui lui avait conféré le diaconat, que ce prélat exerça sur lui une sorte de violence pour qu'il acceptât le titre de recteur de son séminaire.

Le jeune Diacre voyant dans la volonté de l'évêque une disposition de la Providence, pensa que le sacrifice de ses aspirations intimes le préparerait peut-être mieux encore à franchir le dernier degré du sanctuaire, et il accéda généreusement à ce désir épiscopal.

Il entra en charge au mois de novembre 1767, et s'acquitta de tout avec une maîtrise qui justifia le choix qu'on avait fait de lui. Sous sa direction l'établissement devint un vrai modèle de régularité.

Aussi l'évêque, espérant plus que jamais l'attacher définitivement à son diocèse, se hâtait-il de l'élever au sacerdoce, le 19 décembre de cette même année, après avoir obtenu de Rome une dispense d'âge d'environ treize mois.

Nous voudrions connaître quelques traits de cette âme de feu au jour de l'ordination et de sa première messe. Les anges en ont gardé le secret.

Mais nous pouvons en deviner quelque chose par ce qu'attestent les Procès de la ferveur du jeune prêtre vers cette même époque. Ils disent que toutes les fois qu'il montait à l'autel il avait comme les irradiations d'un séraphin.

Cette ardeur séraphique était aussi celle de l'apostolat. Et à l'approche du carême 1768, Vincent ne put résister à ce premier élan d'un zèle qui durant cinquante ans ne ralentira plus.

Sans doute, l'éducation et la formation des futurs prêtres est un grand et saint ministère ; mais l'Esprit divin distribue ses dons à chacun et souffle où il veut. C'est aux âmes perdues dans les sentiers du monde, aux brebis égarées, qu'il appelle le nouveau recteur de Bagnorea. Voilà les conquêtes qu'il faut à ce cœur de missionnaire.

L'évêque comprit cette soif sublime des âmes ; et pour la satisfaire il envoya l'abbé Strambi évangéliser le pays de Vétriolo durant la sainte quarantaine. Ces débuts révélèrent un orateur, et plus encore un apôtre. Les populations dans leur enthousiasme l'entouraient déjà d'une auréole de vénération ; et dans ce prédicateur à la parole forte, onctueuse, imagée, elles proclamaient déjà le saint.

L'expérience était décisive. Mgr Aluffi en fut enchanté, et plus que jamais se félicita d'avoir enrôlé un tel sujet dans son diocèse.

Vincent néanmoins entendait toujours au fond de son âme l'appel à un apostolat sans limite, semblable à celui des premiers disciples du Sauveur. N'aurait-il pas entendu, lui aussi, cette voix qui disait à saint Dominique : « Va et prêche ; car tu es mon élu ?... »

Mgr Aluffi ne voulait pas mettre obstacle aux desseins de Dieu. Cette vocation se révélait assez clairement, et quelque peine qu'il en eût, il permit de la suivre.

Libre de prendre son essor, Vincent tourne son regard vers Rome. C'est là qu'il ira d'abord retremper son âme. Sur le sol des Martyrs il embrasera son zèle, au foyer de la vérité infaillible, il renforcera sa foi tout en donnant à ses connaissances une plus vaste étendue.

En se rendant à la ville Éternelle, il passa par Civitavecchia. Ce fut une consolation bien grande pour ses vénérés parents, qui ne l'avaient pas encore embrassé depuis sa prêtrise, d'assister à sa messe et de communier de sa main.

Il resta fort peu dans sa ville natale. Après avoir édifié tous ceux qui l'approchèrent, par sa parole surnaturelle et l'aimable gravité de toute sa personne, il se hâta de repartir pour Rome.

Là, au couvent de Sainte-Sabine, le Dominicain Mamacchi, plus tard Maître du Sacré-Palais, expliquait d'une façon magistrale la doctrine de saint Thomas. Au pied de cette chaire l'abbé Strambi vint chaque jour avec une studieuse assiduité.

Puis, dans le silence de sa chambre, il méditait encore ces lumineux commentaires avec une infatigable ardeur. Dans la Somme théologique, dont il fit toujours son livre de prédilection, il puisa comme dans un arsenal universel, ces vigoureuses réfutations de l'erreur et cette doctrine pure, nerveuse qui ont, dans la suite, caractérisé ses écrits et ses discours.

La gravité de ces études fut pourtant tempérée par le charme d'une sainte amitié qui le lia à certains condisciples. Plusieurs plus tard se firent un nom par leur savoir et par les dignités dont ils furent investis. Citons-en deux seulement : l'un nommé Anselmi, devint évêque de Saint-Séverin et fut son compagnon d'exil. L'autre, Di Pietro, devint cardinal ; et c'est avec celui-ci surtout que s'établit une plus étroite intimité.

Ces deux belles âmes vibraient à l'unisson dans l'harmonie du talent et de la vertu ; même goût pour l'étude, la solitude, la prière. Ensemble, ces deux amis pratiquaient leurs exercices de piété, visitaient les Basiliques. Ensemble encore chaque jour, au sortir du cours de Sainte-Sabine, ils allaient faire leur adoration devant le Saint-Sacrement toujours exposé pour les Quarante heures dans quelque église de la ville.

Vincent plusieurs fois resta si longtemps absorbé dans l'oraison que Di Pietro, après avoir fini la sienne, n'osant troubler celle de son fervent compagnon, attendait respectueusement à genoux qu'il se levât le premier. Entente vraiment cordiale qui ne fit que grandir avec le temps. Lorsque Di Pietro fut élevé aux plus hautes dignités, il ne décidait aucune affaire importante sans prendre conseil de ce fidèle ami, surtout lorsque celui-ci eut été élevé à l'épiscopat.

Les vacances d'automne ramenèrent Vincent au foyer paternel. Mais il n'y trouva pas ce repos et cette union avec Dieu que recherchait son âme. Les voix intérieures l'invitant à une vie plus parfaite, devenaient plus pressantes. L'état religieux demeurait plus que jamais l'objectif de sa pensée et de son désir.

Il fallait à son âme, tout à la fois la solitude, l'austérité, l'apostolat. Cet idéal il l'avait vu réalisé dans ses visites au couvent des Passionistes près de Vetralla.

La vie pénitente de ces religieux, leurs prédications, et particulièrement la sympathique figure de leur fondateur, Paul de la Croix, avaient conquis son cœur.

Depuis déjà assez longtemps, une force intérieure, suave et douce, dans laquelle il reconnaissait la main de Dieu, le pressait d'entrer au plus tôt dans ce nouvel Institut.

Toutefois, pour avoir une certitude encore plus prudente, il n'avait rien précipité. Il avait adressé à l'Esprit-Saint de longues et ferventes prières ; il avait consulté des hommes de Dieu. Finalement, avant l'une de ses ordinations, on ne sait laquelle, il était allé faire une retraite à ce même couvent des Passionistes.

Il ouvrit toute son âme au vénéré P. Philippe-Hyacinthe, lui confia ses irrésistibles aspirations et toutes les angoisses d'une vocation en travail. Le charitable et sage directeur écouta tout, comprit tout ; et découvrant dans le jeune ordinand des aptitudes peu communes pour les œuvres de la congrégation, il lui déclara que sa vocation était empreinte d'un caractère divin.

Heureux et rassuré, Vincent courut se jeter aux pieds du saint Fondateur, le suppliant avec humilité de l'admettre au nombre de ses enfants. Paul de la Croix, qui n'ignorait ni la vertu ni le talent du postulant, n'hésita pas un instant à lui accorder cette faveur. Mais avec cette intuition de saint qui lui était ordinaire, il comprit aussi que l'heure n'en était pas encore venue, et lui donna seulement l'assurance que lorsque cette heure aurait sonné, il le recevrait à bras ouverts.

Peut-être le saint prévoyait-il que pour l'instant la famille Strambi opposerait une trop vive opposition. Nous avons vu, en effet, qu'au premier aperçu que Vincent avait donné d'une telle vocation son père en avait ressenti une excessive émotion.

Que faire pourtant ? A l'époque où nous sommes rendus, Dieu plus violemment que jamais attire son serviteur, et le presse d'entrer résolument dans la voie indiquée par la grâce.

Lutte douloureuse à soutenir : contre l'amour paternel ou contre le vouloir divin !

Se faisant enfin violence à lui-même, Vincent déclare un jour à son père avec simplicité mais aussi avec les ménagements voulus qu'il se sent appelé à la vie de Passioniste. Il exposa ses raisons d'une manière si persuasive, pour l'amener à participer lui-même au sacrifice par son consentement, que Joseph parut à peu près consentant.

Homme de foi, le chrétien en lui était convaincu ; mais le père ne pouvait se résoudre. Tantôt il donnait l'autorisation, tantôt il la refusait. Parfois il l'engageait avec tendresse à différer un peu ; parfois enfin il souffrait des angoisses que son hésitation causait à son fils. Celui-ci adressait avec larmes de ferventes prières à Dieu pour ne pas succomber dans ce pénible combat.

Au fond de son âme il entendait toujours cette parole du divin Maître : « *Celui qui aime son père et sa mère plus que moi, n'est pas digne de moi* (Math. X, 37). *Fuyez, sauvez votre âme* (Jér. 48, 6.). *Entrez par la porte qui conduit à la maison du Seigneur* (Ézéc. XI, 1) ».

Mais comment fuir ? C'est Marie elle-même, la Mère de toutes les vocations, qui sembla lui ouvrir providentiellement cette porte.

Au mois de septembre les Servites de Tolfa, non loin de Civitavecchia, invitèrent l'abbé Strambi à prêcher dans leur église, le jour de N.-D. des Sept-Douleurs. Trait de lumière pour lui ! La voie est là !... Il accepte. Et avant de partir il embrasse ses parents comme pour une courte absence, le cœur brisé de l'affliction où il allait involontairement plonger ces deux âmes si chères.

Les vocations sont souvent douloureuses ; mais on y retrouve toujours la puissance de la grâce sur ce que la nature a de plus fort et de plus doux.

Le discours de Tolfa était en harmonie avec l'état d'âme du prédicateur. Ce ne fut qu'une effusion brûlante du trop plein de son cœur, un cri de déchirante compassion pour les douleurs de Marie et de Jésus, au moment surtout où le Fils se sépara de sa Mère pour aller consommer son sacrifice sur l'autel de la croix.

Le sermon fini, le jeune prêtre, sans dire un mot de son secret, au lieu de reprendre le chemin de Civitavecchia, se dirigea vers le monastère des Passionistes, près Vetralla. Il court, il vole, et, comme porté sur l'aile des anges, il ne s'aperçoit même pas de la longueur de la route ni de la fatigue du voyage.

Avec un soulagement profond il se jette enfin dans les bras de saint Paul de la Croix qui l'accueille comme un fils et l'encourage par des paroles toutes paternelles. On rapporte même, qu'en cette circonstance, le vénéré Fondateur connut, à la clarté d'une lumière surnaturelle, les grands desseins de la Providence sur ce nouveau disciple, et dit que *Dieu l'appelait à une grande sainteté.*

C'est bien là aussi le bel idéal que Vincent est décidé à réaliser. Et nous aimons à penser que le lendemain, après s'être un peu remis de sa lassitude et de ses émotions, il s'acheminait vers le noviciat du Mont-Argentaro avec la joyeuse confiance de quelqu'un qui compte réussir.

CHAPITRE IV

Le noviciat

VINCENT, muni d'une lettre de Paul de la Croix, vint donc frapper à la porte de la solitude bénie où se formaient les premiers Passionistes. Le maître des novices, P. Pierre de Saint-Jean, qui passait aussi pour un saint, le reçut avec une encourageante bonté.

Suffisamment renseigné sur les mérites du nouveau venu, il lui fit aussitôt commencer la retraite préparatoire à la prise d'habit. Durant ces jours de recueillement, le fervent postulant goûtait enfin la paisible assurance du passager échappé à la tempête et entré dans le port.

Sa joie grandit encore lorsque, le 24 septembre, fête de N.-D. de la Merci 1768, il revêtit l'humble tunique noire en signe du deuil perpétuel de la mort du Rédempteur. Son cœur tressaillit lorsqu'on plaça la croix sur ses épaules, et la couronne d'épines sur sa tête. C'était le symbole de l'abnégation et de l'humilité. Il les prit au sérieux et les réalisera.

Durant cette émouvante cérémonie, de douces larmes coulaient de ses yeux et toute son attitude ; son angélique physionomie surtout, trahissait la transfiguration plus belle encore qui s'opérait dans son âme. Désormais ce sera le P. Vincent-Marie de saint Paul.

Il se remit entièrement entre les mains de son maître

des novices, se laissant diriger par lui avec la candeur et la simplicité d'un enfant.

Le règlement du noviciat fut pour lui la voix du devoir, la voix même de Dieu. Dès la première heure il se mit à l'étudier, à le graver dans sa mémoire ; et surtout, dans son estime et sa volonté. Il l'observa toujours avec une exactitude si parfaite que le R. P. Maître, tout zélé qu'il était, ne put jamais surprendre en lui la plus légère transgression. Aussi le proposait-il aux autres comme le vrai modèle de la vie religieuse.

Par un heureux retour de sa fidélité, Vincent éprouvait comme un apaisement de tout lui-même dans un élément qui était enfin pleinement le sien. C'était comme un ciel anticipé, où il ne conversait plus qu'avec des anges ou des hommes célestes. Il ne se lassait pas d'en redire à Dieu sa reconnaissance. *Dirupisti vincula mea, tibi sacrificabo hostiam laudis*, aimait-il à répéter, *vous avez, Seigneur, rompu mes liens ; je vous offrirai une hostie de louanges* (Ps. 115).

Et cette hostie qu'il veut immoler, c'est bien lui-même. La Règle, qui n'avait pas alors les adoucissements que le Saint-Siège imposa depuis, favorisait éminemment cette aspiration au sacrifice. Notons seulement combien le tempérament particulièrement faible et délicat de ce novice dut sentir la rigueur des jeûnes alors quotidiens, l'incommodité d'un sommeil interrompu, au milieu de la nuit, par le chant des matines et une longue oraison. La nudité des pieds, même au cœur de l'hiver, un vêtement grossier, le défendaient assez mal de l'intempérie des saisons. Et tout cela, à défaut d'une forte santé qu'il n'avait pas, demandait qu'il eût une forte volonté.

Ce vouloir énergique et constant, il l'exerça aussi pour de moindres sacrifices qu'il ne négligea pas davantage.

Les menus détails, qu'à bon droit on estime si fort dans la vie religieuse, et surtout durant l'année de probation, le trouvèrent parfaitement exact.

Son passage au Mont-Argentaro y laissa un impérissable souvenir. Longtemps on y parla de son esprit d'oraison, de recueillement, d'obéissance, de piété, de mortification ; surtout, de son humilité et de sa charité.

Il était déjà prêtre, et ses compagnons de noviciat n'étaient que des adolescents, des débutants en toutes choses. Et cependant, comme, en récréation, il se mêlait à eux, se faisait petit avec eux, se mettait au-dessous d'eux ! Il leur parlait avec une grâce charmante, beaucoup de simplicité, et même avec un respect profond ; car il se plaisait à les regarder comme de petits anges parmi lesquels il n'était pas digne de se trouver. Aussi tous les cœurs allaient à lui.

Témoins de tant de perfection, les religieux anciens, habitués pourtant à de beaux exemples de vertus, demeuraient étonnés, ravis. Quant à saint Paul de la Croix, découvrant dans ces généreux débuts le gage d'une sainteté qui ne se démentira pas, il remerciait Dieu de lui avoir donné un tel sujet.

Tandis que Vincent vivait ainsi heureux et tranquille parmi les pures affections de sa nouvelle famille spirituelle, la plus violente tempête s'éleva contre sa vocation. Son départ du monde avait fait au cœur de son père une blessure d'autant plus sensible que leur amour réciproque était plus grand. Malgré sa foi vive, le bon vieillard ne pouvait se résoudre à un tel sacrifice, ni dominer sa douleur.

Rien n'est plus respectable que cette tendresse des parents ; Dieu néanmoins est le Maître souverain et leurs enfants sont à lui avant d'être à eux.

Cette vérité était dure en la circonstance, pour Joseph Strambi. Il voulut tenter l'impossible pour ramener auprès de lui ce fils qu'il regardait comme l'appui nécessaire et la consolation de ses vieux jours. Nous devons avouer toutefois que la mesure fut dépassée.

Il fit jouer tous les ressorts pour vaincre la constance de Vincent et le ramener au foyer paternel. Il écrivit d'abord lettre sur lettre au Supérieur Général, Paul de la Croix, le priant et le suppliant avec les plus vives instances de ne point le priver, au déclin de sa vie, de ce fils bien-aimé, d'avoir pitié de sa vieillesse, de le lui renvoyer, sinon qu'il mourrait de chagrin.

Le saint Fondateur, convaincu de la vocation du novice, ne pouvait donner satisfaction à ces réclamations sans se mettre en opposition avec la volonté divine si clairement connue. Il répondit à ce père affligé une lettre pleine de charité et de douceur, lui exposant de son mieux qu'on n'était pas en droit d'empêcher Vincent d'obéir à Dieu, qui l'appelait à la vie religieuse. Il ajoutait qu'ayant examiné lui-même ce novice, il l'avait trouvé résolu à servir le Seigneur dans la religion ; que, d'ailleurs, il ne lui faisait aucune violence pour le retenir dans son Institut. Enfin il exhortait M. Strambi, de la manière la plus insinuante, à puiser en Dieu les consolations du sacrifice parce que Dieu destinait son fils à une éminente sainteté.

Malgré ce langage de la raison et de la foi, son correspondant ne se tint pas pour battu. Il tenta un suprême effort, qui aurait pu être néfaste pour une vocation moins affermie. Il eut recours à la médiation du cardinal Oddi, évêque de Civitavecchia et de Viterbe. Son Éminence, touchée de l'affliction de ce pauvre père, pressa vivement Paul de la Croix de lui renvoyer son fils

Le Saint répondit qu'il ne le pouvait en conscience, se trouvant en présence d'une vraie vocation.

Le cardinal prit alors le parti d'envoyer un prêtre ayant toute sa confiance au Mont-Argentaro. Cet ecclésiastique fut chargé d'aller examiner le cas sur place, avec instruction secrète qu'à la moindre hésitation de Vincent on le ramenât à son père.

Le mandataire épiscopal se présenta donc au monastère en disant qu'il venait faire une visite au jeune Strambi. Il fut accueilli de la meilleure grâce par ces bons religieux.

Mais quelle ne fut pas sa surprise de voir que le jeune prêtre, malgré la délicatesse de sa santé et l'austérité de sa nouvelle vie se portait à merveille et paraissait rayonnant de joie.

Il lui parla néanmoins de sa vocation, des tendresses et des chagrins de son père, des démarches faites par Mgr Oddi. Raisons, sentiments, prières, flatteuses espérances, brillant avenir, tout fut mis en œuvre pour ébranler sa fermeté. Assaut cruel et plein d'angoisses pour cette âme si tendre et si forte à la fois !

Mais sa constance n'en fut pas ébranlée. Il répondit avec respect, modestie et fermeté en rappelant les droits absolus, incontestables de Dieu sur les âmes, quels que soient les sacrifices que sa Providence exige des enfants et des pères. Il fit d'ailleurs un tableau si attrayant et si vrai de son intime bonheur dans le cloître que l'envoyé du cardinal faillit rester avec lui. « Si je n'étais reparti bien vite, attesta-t-il plus tard au Procès, je me faisais Passioniste, moi aussi ».

Il n'y avait plus à douter ni à parlementer. Le cardinal n'eut désormais que des sentiments d'admiration pour une si solide vertu. Monsieur Strambi, acquiesçant lui aussi à la volonté divine, finit par se tranquilliser et devint même un bienfaiteur de l'Institut.

Quant à son épouse, la pieuse Éléonore, il ne semble pas qu'elle ait jamais fait la moindre opposition. « Elle avait, en effet, raconte naïvement un religieux d'alors, tant d'estime pour son fils que deux ans après sa prise d'habit, elle me dit qu'elle désirait se confesser à lui ».

Sorti vainqueur de cette rude épreuve, le courageux novice redoubla de ferveur dans la pratique de l'observance. Une lettre du saint Fondateur, écrite à cette époque, témoigne de quelle édification il était toujours dans la maison du noviciat.

Cependant l'année de probation était presque finie. A l'unanimité des suffrages Vincent fut admis à la profession ; et le 24 septembre 1769 il mit le dernier sceau à sa consécration religieuse en prononçant ses vœux perpétuels.

Quand il se présenta à l'autel, tout son extérieur calme et décidé attestait combien volontiers il s'offrait à son Dieu crucifié pour ne plus vivre que crucifié avec lui. Et, la cérémonie terminée, on vit aussi à l'épanouissement de ses traits, au feu de son doux regard, que grande était la jubilation de son cœur d'avoir pu consommer le sacrifice depuis si longtemps désiré.

CHAPITRE V

Les missions

Le saint Fondateur, qui résidait alors au couvent de Saint-Ange, près Vetralla, s'empressa d'appeler Vincent auprès de lui. Le nouveau profès, sous un tel maître, dans le contact intime et habituel avec la grande âme de Paul de la Croix, ne fit que progresser dans la lumière, dans l'amour et dans la pratique de toutes les vertus.

Comme il avait fini ses cours réguliers on le laissa, selon l'usage, se livrer à ses études personnelles. Persuadé que la théologie et les divines Écritures offrent un champ immense, où nos investigations découvrent toujours de nouveaux horizons, il consacra le silence de sa solitude à ces études sacrées. Il y trouvait de vraies délices, et y joignait la lecture assidue des Pères de l'Église.

De ces saints Docteurs, il sut imiter à un degré singulier, dans ses prédications et ses écrits, l'élégance, le coloris et l'énergie. Dieu lui donna aussi de nos Livres Saints une intelligence lumineuse et pratique.

Dans ses lectures des grands théologiens il voulait tout analyser, tout discuter, et le faisait avec une sagacité remarquable.

Ses auteurs de prédilection étaient saint Augustin et saint Thomas, qu'il s'assimilait avec un rare bonheur.

Non content de détacher du premier quelque trait brillant de morale, ou quelque sentence vive et touchante, il s'efforçait de sonder les profondeurs de ce génie pour y découvrir les vérités à leur base, et la façon de les bien dire. Du sévère logicien qu'est saint Thomas il prit cette limpidité de doctrine qui l'ont habitué, lui-même, à coordonner ses idées et à ramener les sujets traités à un petit nombre de principes aussi certains que féconds.

Deux ans s'étaient écoulés dans cette étude, grave et douce à la fois, qu'irradiait le recueillement de la contemplation. Et voilà que le saint Fondateur jugea l'heure venue de désigner ce studieux cénobite pour le ministère des missions.

Le P. Vincent-Marie était prêt. Doctrine solide, élan de la jeunesse, soif des âmes, amour tendre et ardent pour Jésus-Christ, c'est avec tout cela qu'il inaugure sa carrière apostolique qui sera désormais le point central de sa vie jusqu'à une extrême vieillesse.

Nous n'esquisserons qu'un rapide tableau de ses prédications, nous bornant à signaler quelques faits plus saillants qui donneront assez une idée de l'ensemble.

Son premier champ évangélique fut le diocèse de Todi. Il s'y rendit en septembre 1771 avec le P. Jean-Baptiste, et débuta par la ville de Montecchio. Sa parole pleine de chaleur et de vie, de lumière et d'onction, ravit la foi vive de ces populations, et provoqua bien des larmes de componction. L'assistance débordait hors de l'enceinte de l'église : le succès fut complet.

L'évêque, charmé du talent et de la vertu du P. Vincent-Marie, voulut qu'il continuât son œuvre sur d'autres points du diocèse. Partout ce fut le même empressement, le même enthousiasme, et le même résultat pratique pour les âmes.

Après quelques jours de repos dans la solitude, le jeune Père repartit, le carême suivant, 1772, pour le diocèse d'Amélie où Mgr Thomas Struzzieri, un Passioniste récemment élevé à l'épiscopat, avait demandé une mission avec instances. La confiance du prélat ne fut pas déçue ; tout fut renouvelé dans l'esprit chrétien par un fécond apostolat.

Après les fêtes de Pâques, passées dans la solitude de Saint-Ange, ce fut un tout autre genre de ministère que Vincent dut aborder. Il fut invité à donner une mission aux Galériens de Civitavecchia. Il s'y rendit avec quelques-uns de ses confrères.

Pénétrant dans ce séjour de honte et de supplices, qui donnait quelque idée de l'enfer, il s'efforça d'être et de paraître à ces malheureux l'ange de la miséricorde et de la paix.

Les physionomies d'abord ne lui semblaient guère rassurantes.

Il ne se laissa point rebuter par le cynisme du crime railleur. Plus la résistance se redresse, plus il s'attache à ces âmes rachetées par le sang d'un Dieu. Avec toute l'énergie de sa foi et l'ardeur de son dévouement, il prêche plusieurs fois le jour et semble puiser de nouvelles forces dans la fatigue.

Sa bonté, sa douceur, ses manières insinuantes, le calme de sa fermeté finissent par captiver l'attention. Il parle de pardon et d'espérance, de l'offense faite à Dieu par le péché. Il présente Jésus crucifié à ces regards farouches et leur montre dans ces plaies béantes, dans ce sang qui coule à flots, le gage de la réconciliation et d'un éternel bonheur qui s'offre encore à eux.

Les cœurs les plus endurcis sont enfin touchés : ces pauvres pécheurs acceptent en foule de se confesser.

Le P. Vincent les accueille avec une vraie tendresse, les embrasse avec de vraies larmes dans les yeux, les encourage à l'aveu de leurs crimes et les purifie dans la pénitence. Ces êtres dégradés se relèvent heureux et consolés. Réhabilités aux yeux de Dieu, ils le sont aussi aux yeux des hommes. Et dès lors ce repaire de tous les vices devient comme un temple où les cantiques remplacent les blasphèmes d'hier.

Parmi ces forçats se trouvaient plusieurs musulmans qui, à la vue d'un tel prédicateur, abjurèrent le Coran et embrassèrent l'Évangile. Cette mission eut un grand retentissement. On en parla avec éloge à Rome et au Vatican. L'infatigable Père avait bien mérité le court repos qu'il vint goûter dans la Retraite de Saint-Ange. Aux pieds de son crucifix, dans cette régularité et ce silence recueilli du monastère, il ravivait encore l'éclat de sa pensée et la flamme de son zèle pour de nouvelles conquêtes.

C'est vers Visso, cette fois, qu'il dirigea sa campagne pacifique. Ce fut rude. Sentiers impraticables, rochers escarpés, montagnes désolées, rien pourtant ne l'arrête. Fatigues incroyables, privations de toutes sortes, tout lui est doux, tout lui est bon. Il ne voit qu'une chose, les âmes à sauver ; et c'est assez pour lui donner cœur et joie.

Les résultats ne démentirent pas ses courageux espoirs. Les habitants comprirent la faveur que Dieu leur faisait en leur envoyant un apôtre si brûlant de zèle et si compatissant pour leur dénûment physique et moral. Cependant Vincent jeta aussi un long regard sur d'autres populations voisines qu'il ne pouvait atteindre et qui dans leurs sauvages régions demeuraient privées de toute culture spirituelle. Il se sentait ému de compassion et redisait avec le Sauveur : *misereor super turbam*. Du moins conçut-il alors le dessein d'évangéliser toutes ces contrées de montagnes.

Mais le Souverain Pontife Clément XIV l'appela subitement à Spello. Voici à quelle occasion. Le Saint-Siège venait de rattacher du diocèse de Spolète à celui de Foligno, la ville de Spello. Cette mesure produisit parmi les habitants une forte irritation. Certains esprits malins et pervers se plurent à l'envenimer encore au point qu'une révolte était sur le point d'éclater.

Le roi, c'est-à-dire le Pape, au lieu de réduire ce peuple à l'obéissance par la force, préféra calmer les passions, éclairer les esprits, radoucir les cœurs en faisant appel aux vérités de la foi. Pour atteindre le but désiré, il ordonna aux Passionistes de prêcher sans retard une grande mission dans la ville de Spello. Et comme il connaissait déjà le talent, la vertu et le surnaturel ascendant du P. Vincent-Marie, il le désigna nommément pour cet important ministère.

Les exercices commencèrent le 8 septembre, Nativité de la T. S. Vierge. Le jeune missionnaire de la Croix apparut bien vite comme l'ange de la conciliation. Aux accents de sa charité et d'un zèle qu'on voyait si pur, les esprits furent pacifiés, les consciences purifiées et l'ordre rétabli. Tout le monde finit par se soumettre aux dispositions du gouvernement pontifical. On le fit même, non comme à regret, mais avec joie.

Ce brillant succès classait désormais Vincent parmi les orateurs les plus justement réputés, et de toutes parts on parlait avec admiration de ses travaux apostoliques, de sa puissance attractive sur les âmes. C'est le P. Vincent que demandaient surtout les évêques et avec une insistance qui prouvait assez quelle confiance ils mettaient en sa parole pour la réforme de leurs diocèses.

Sur la fin de cette année, et l'année suivante 1773, nous le rencontrons encore prêchant bon nombre de missions, et même dans Civitavecchia, sa ville natale. C'était partout des concours de peuple si impressionnants, des transformations morales si belles, si touchantes que les évêques, nous dit-on, en pleuraient de joie et de consolation.

L'évêque de Montefiascone, voulut qu'après la mission le Bienheureux prêchât la retraite à son clergé. Et cette parole surnaturelle et pénétrante fut tellement goûtée qu'il lui demanda comme une grâce d'évangéliser son diocèse tout entier. Ce désir ne put être satisfait qu'en partie, pour Gradoli, des engagements étant pris pour ailleurs. Mais les importants résultats de cette unique mission furent comme une compensation ; et pour n'en mentionner qu'un aspect, six jeunes filles, désabusées du monde aux accents de cette parole, venue du désert, résolurent de se consacrer à Dieu.

Aussi, Monseigneur écrivit à Paul de la Croix une lettre des plus affectueuses et le remercia de lui avoir envoyé un missionnaire si fervent et si saint qu'il appelait «l'honneur de sa Congrégation, l'espérance de l'Église».

Une infinité d'autres ministères semblables et couronnés des mêmes succès, dans les années suivantes et même dans tout le cours de cette longue vie, ne déçurent pas les beaux espoirs que déjà on mettait en lui.

Recueillons seulement ici l'impression d'un contemporain : « Plusieurs fois, dit-il, je fus son auditeur, et j'avoue n'avoir pas d'expression qui puisse donner une idée de son talent magistral dans cet art difficile, ni de l'ardeur de sa charité à gagner des âmes à Dieu.

Aux accents de sa parole les inimitiés cessaient, les haines s'éteignaient ; et disparaissaient aussi les abus, les scandales, les vices de tout genre. C'était partout le triomphe de la paix, de la piété, des bonnes mœurs.

« Sa parole pleine d'énergie et de puissance, appuyée sur la doctrine de l'Évangile était forte et douce, sublime ou simple. Elle ne manquait non plus d'une certaine élégance, selon les sujets ou la capacité de l'auditoire. A tout cela s'ajoutait la grâce et la beauté de l'action oratoire ; un feu divin qui du cœur rayonnait dans tout le discours. Tout en lui pénétrait si profondément les âmes, dominait tellement les passions que de tous les yeux coulaient des larmes de componction et de douleur. Il obtenait des résolutions, des conversions extraordinaires : je puis l'attester par ma propre expérience.

« Non content d'ailleurs, ajoute ce témoin, de prêcher ce zèle, toujours avide du salut des âmes, il apportait une grande exactitude à entendre les confessions. Et dans la pratique de ces deux ministères il fut absolument irréprochable ; telle est ma conviction, et ce qu'affirme la voix publique ».

La méthode suivie dans ces missions n'était autre que celle de saint Paul de la Croix. Vincent s'appliquait à se rapprocher, autant que possible, de son éloquent modèle, le saint Fondateur. Comme lui le jeune missionnaire puisait dans les plaies adorables du Sauveur cette ardente charité qui devenait ensuite si communicative et enflammait les âmes pour le bien.

L'image de Jésus Crucifié était toujours devant lui dans sa cellule et il avait même écrit aux pieds du divin Maître : « Bienheureux serai-je si je sais lire dans le crucifix ! »

Cette étude sacrée il la continuait même en mission par une méditation bien faite et un recueillement continuel. Avant de paraître devant la foule avide de l'écouter c'est encore dans une dernière prière et dans un long cœur à cœur avec son Dieu souffrant qu'il venait puiser le secret de lui attirer tous les cœurs.

Cela fut particulièrement remarqué durant son séjour à Saints-Jean-et-Paul. Appelé, là encore fréquemment, à prendre la parole, il avait l'habitude de venir se prosterner devant l'autel du saint Crucifix. Et on l'a vu plus d'une fois se relever d'auprès de la sainte image, ou du Saint-Sacrement, les traits en feu et sous le coup d'une émotion que son auditoire ne tardait pas à partager.

Tel est donc le grand secret de ce nouveau missionnaire qui déjà remue si victorieusement les foules : connaître Jésus Crucifié, et le prêcher partout.

CHAPITRE VI

Les premières charges

PAUL de la Croix avait accompagné de sa prière, et bientôt de son admiration, les travaux et les premiers triomphes du P. Vincent-Marie. Après ces essais qui étaient des coups de maître, la vertu de l'humble religieux ne se démentit pas.

Le saint Fondateur crut néanmoins qu'il était bon de ramener cette jeune éloquence dans la solitude. Il pensa qu'en la concentrant encore quelque temps en elle-même, en lui donnant occasion de mieux encore préciser sa pensée par l'enseignement de la théologie il perfectionnerait le religieux, l'orateur et l'éminent sujet qu'il destinait à diriger ses frères.

Le Pape Clément XIV venait de donner aux Passionistes le beau couvent de Saints-Jean-et-Paul, à Rome, avec la basilique attenante. Le Saint en prit possession le 9 décembre 1773, et y établit seize religieux. Le P. Vincent-Marie était du nombre.

Presque aussitôt le vénéré Supérieur eut aussi l'idée d'installer des scolastiques dans cette vaste maison. Il en appela douze qui allaient commencer leur théologie ; et à la grande joie de tous le P. Vincent-Marie fut désigné pour être leur professeur. C'est à lui aussi qu'était confiée la direction spirituelle de ces jeunes âmes.

Un tel choix montrait assez en quelle estime il était

auprès du Fondateur. On constata, une fois de plus, qu'il la méritait. « Notre éminent Lecteur, atteste un de ses élèves, commença par gagner l'estime et l'affection de tous ces jeunes gens. Pour les animer à l'étude et à ne perdre aucun instant, il leur parlait souvent de l'absolue nécessité pour un prêtre d'acquérir la science sacrée, sans laquelle on ne peut dignement s'acquitter du saint ministère ».

« Son enseignement n'était autre que celui de l'Ange de l'école, saint Thomas. Il arrivait en classe soigneusement préparé. La clarté, la précision qu'animait une conviction profonde caractérisaient sa méthode toujours à la portée de toutes les aptitudes. Il portait la lumière dans les questions difficiles, dépouillait les sophismes de leur séduction, cherchait les causes premières de l'incrédulité, et les montrait dans la révolte d'un esprit superbe, dans la corruption du cœur ».

« Toujours pénétré des responsabilités de sa tâche, jour et nuit il ne cessait de scruter nos dogmes, d'étudier les décrets des Conciles, les œuvres des Pères et des Docteurs. Il en méditait la doctrine, en pesait les sentiments et les développait ensuite avec une érudition et une sûreté surprenante. Tous étaient étonnés qu'à son âge il pût posséder un si riche trésor de connaissances. Mais plus encore que son intelligence, si ferme et si lumineuse, on admirait en lui une simplicité, une modestie incomparables ».

Convaincu que la sainteté est le plus puissant levier de l'apostolat, le Bienheureux s'attacha surtout à faire avancer ces jeunes religieux dans la perfection monastique. Avec quelles douces insinuations et quels charmes il leur inspirait l'amour de Dieu et de la vertu ! Quand il adressait quelque réprimande il en tempérait toujours la rigueur. Il était persuadé que l'âpreté en ces circonstances peut ouvrir en certaines natures sensibles des plaies qui ne se referment plus. Il croyait aussi que des avis trop fréquents ne font que rendre incorrigibles les coupables au lieu de les amender.

Cette modération édifiait d'autant plus chez lui qu'il était d'un caractère ardent comme le feu et que son zèle pour le devoir et la régularité était extrême.

Il voulait que l'étude des sciences fût une élévation continuelle à Dieu ; et il savait mettre une onction douce et pénétrante jusque dans les matières les plus arides de la théologie scolastique. Souvent du sujet traité ou de son cœur jaillissaient de ces paroles étincelantes qui soudain ravivaient chez ses élèves la flamme du céleste amour. Pour que la lumière de leur esprit s'accrût par la pureté de leur cœur, il les pressait de conserver cette limpidité intérieure de l'âme par la fuite des moindres fautes. Il leur demandait, en conséquence, une vigilance continuelle dans l'observation des plus petits points de la Règle, leur rappelant qu'il n'y a rien de petit au service de Jésus-Christ. Il leur enseignait à tout imprégner par l'esprit de foi ; à tout transfigurer par l'amour et la sainte oraison. Il les engageait à unir leurs actions et leurs souffrances aux actions et aux souffrances du Sauveur, par qui seul a du prix ce qu'on peut faire et endurer.

L'humilité, le détachement de tout et de soi-même, la conformité à Jésus-Christ, tels étaient les fondements qu'il donnait à leur vie spirituelle. En tout cela ses exemples impressionnaient plus encore que ses paroles. Sa fidélité aux observances régulières, son recueillement, sa vie austère et son angélique modestie furent pour tous la meilleure exhortation.

Saint Paul de la Croix s'applaudissait d'avoir placé Vincent à ce poste de confiance, et il va lui donner une preuve nouvelle de sa précieuse estime.

Au mois de mai 1775 il convoquait à Rome le sixième Chapître Général ; et bien que le P. Directeur ne fût point du nombre des capitulaires, il le chargea du discours officiel. Le jeune orateur, pénétré d'un respect profond pour cette vénérable assemblée, parla encore avec tant de lumière et d'à-propos qu'il ravit tout le monde, et dépassa même l'attente du saint vieillard qui présidait, hélas ! pour la dernière fois. En cette même année, en effet, ce grand Saint, qui a illustré le XVIIIe siècle par son prodigieux amour pour Jésus Crucifié, touchait à la fin de sa vie terrestre.

Uni à ce Dieu souffrant qu'il avait tant médité ici-bas et qu'il allait bientôt contempler dans la gloire, il demanda l'Extrême-Onction ; et c'est le P. Vincent-Marie qu'il choisit pour rappeler à son esprit les effets de ce sacrement.

Ce fils de prédilection l'assista jusqu'à ses derniers instants, entendit ses dernières paroles, recueillit en quelque sorte son dernier souffle. Et s'il éprouva une peine bien grande de voir s'éteindre ici-bas une telle lumière il eut, du moins, l'incomparable consolation d'être témoin d'une mort qui fut plutôt le triomphe de l'amour.

Ce 18 octobre 1775 il ne l'oubliera jamais. Et bientôt avec une religieuse et filiale affection il recueillera soigneusement tous ses souvenirs et ceux des autres pour retracer cette vie admirable du Fondateur de la Passion. Il sera même le postulateur de sa cause pour la Béatification, et il verra avec une indicible joie le Souverain Pontife Pie VII prononcer par un décret l'héroïcité de ses vertus.

Depuis longtemps le P. Vincent-Marie éprouvait le calme mais persévérant désir de visiter la sainte maison de Lorette ; et voici qu'une bonne occasion se présenta. Le nouveau P. Général allant prendre possession de la récente fondation de Morrovalle, au mois d'octobre 1779, le prit pour compagnon de voyage.

La cérémonie terminée Vincent s'empressa d'accomplir son pèlerinage. Nous ne pouvons que conjecturer les effusions de sa tendre piété, dans cette humble demeure où s'opéra l'Incarnation et où vécurent Jésus, Marie et Joseph. Mais nous savons qu'il y resta longtemps en prière, en adoration, et qu'il y reçut de la Vierge des grâces signalées.

Ce surcroît de ferveur et de générosité Dieu va bientôt l'utiliser. Après avoir été quelque temps vice-Recteur au couvent de Saints-Jean-et-Paul, Vincent en est élu Recteur l'année suivante, 1780.

La joie fut grande parmi les religieux ; lui seul en ressentit une peine très vive. Ce qu'il redoute, au fond, ce n'est pas tant le fardeau et les sollicitudes, mais les apparences de toute dignité, de tout honneur. Néanmoins, habitué à se vaincre lui-même il se soumit à la volonté de ses supérieurs, et ne songea plus qu'à bien s'acquitter de sa charge.

Rien de changé dans sa conduite si ce n'est peut-être une ascension plus marquée vers la perfection, une humilité plus profonde, une mortification plus austère.

Le premier devoir d'un Supérieur est de veiller au progrès spirituel des âmes qui lui sont confiées. Aussi Vincent pénétrait-il sa communauté de la nécessité d'être scrupuleusement fidèle aux Règles, aux coutumes, bases essentielles de toute perfection religieuse. Il suffisait de jeter un regard sur lui pour se sentir stimulé dans cette ascension vers le bien et vers le plus parfait.

Du reste il ne prêchait pas seulement d'exemple ; et aux jours marqués par les constitutions il adressait à ses religieux des exhortations chaleureuses, simples, et correctes cependant jusqu'à la distinction. « Mais, dit le P. Ignace déjà cité, quand il parlait de Jésus-Christ crucifié, oh ! alors il ravissait les esprits, émotionnait si fortement les cœurs que des larmes perlaient de tous les yeux. On eût dit que l'âme de saint Paul de la Croix avait passé dans la sienne. Il en rappelait les maximes, les vertus, l'amour séraphique pour Jésus souffrant ».

Dans sa cellule il accueillait tous ses inférieurs avec une exquise bonté. Son amabilité toujours inaltérable fortifiait les faibles, encourageait les timides, ranimait les tièdes, consolait les affligés. Son air si doux, si saint qu'irradiait une joie céleste attirait tout à lui.

Son dévouement et sa compatissante bonté semblait vouloir encore se surpasser auprès des religieux malades. Il les visitait souvent, leur suggérait délicatement des pensées de résignation, le moyen de donner du prix à leurs souffrances et même d'en adoucir la rigueur en les unissant aux souffrances du divin Crucifié.

Mais il se gardait bien de s'en tenir là. « Sa sollicitude, atteste l'infirmier lui-même, veillait à ce qu'aucun secours ne leur manquât ; et de ses propres mains il leur rendait les services les plus humbles ».

Aussi peut-on conclure avec le P. Ignace : « Toute cette communauté, heureuse de posséder un si saint supérieur, n'était pas sans doute arrivée aux plus hauts sommets de la vertu, mais il n'y avait personne qui ne fît de sérieux efforts pour y parvenir ».

CHAPITRE VII

Supérieur majeur

TOUT en faisant de son mieux là où la Providence l'avait placé, le nouveau Recteur espérait bien que la prochaine assemblée capitulaire le dégagerait de toute charge. Il désirait recouvrer la liberté de se consacrer uniquement à l'apostolat, ce second élément de son âme ; car il y trouvait un épanchement pour le trop plein de son amour envers Jésus-Christ et les âmes après ses contemplations dans la solitude.

Mais ses espérances furent déçues. Le 13 avril 1781 le chapître qui eut lieu à Corneto, le nomma Provincial de la province de la *Présentation.* Il n'avait pas encore trente-sept ans accomplis. Malgré ses prières, ses supplications, ses refus, l'humilité dut plier sous la main de l'obéissance. Lui seul ne voyait pas ce qui frappait tous les yeux : c'est qu'il possédait toutes les qualités requises pour n'importe quel office dans la Congrégation.

La première pensée du nouveau Supérieur fut de s'élever vers l'Auteur de tout bien, *le Père des lumières ;* la seconde, de n'agir que pour Dieu. De là ces exclamations si familières dans sa vie : *A la gloire de Dieu !... Tout à la gloire de Dieu !... En tout la volonté de Dieu !*

Cette pureté d'intention inspirait tous ses actes, réglait sa prudence dans le choix des moyens d'atteindre le but proposé avant de prendre une détermination il demandait des lumières à Dieu dans la prière, et des conseils à ceux auxquels il devait s'adresser. En lui point d'obstination dans ses propres idées. Plus tard même, et devenu évêque, attestent les Procès, il se montrait disposé à écouter toutes les opinions ; et ses décisions étaient basées sur l'assentiment général.

Il ne suivait pourtant pas un conseil à la légère ; mais après s'être rendu compte, par un examen sérieux, des motifs déterminants. La résolution prise il n'était pas encore inflexible ; et si on lui démontrait que le contraire était mieux, il se rendait sans difficulté aux raisons sérieuses qu'on lui alléguait, persuadé que la vraie sagesse, quand la lumière arrive, est de changer d'avis.

Il ne faudrait pas croire cependant qu'il manquât de fermeté ; il possédait au contraire cette vertu à un degré supérieur. C'était d'abord sur lui-même qu'il l'exerçait. Il modérait tous ses mouvements avec une maîtrise absolue. Son esprit, il le tenait toujours recueilli en Dieu et sa volonté, il la pliait vigoureusement à toutes les obligations de la Règle. Lorsque la cloche sonnait il savait se dégager de tout entretien, disant avec une grâce charmante : « Voici le moment d'aller au chœur, permettez que je m'y rende ».

Cette exactitude, dont il donna toujours l'exemple, il la voulait chez ses religieux. Quelque omission de leur part venait-elle à se produire, il n'omettait pas d'en faire la remarque, mais avec tant d'à-propos et de bonté, que jusque dans sa sévérité on retrouvait son cœur uniquement épris de la gloire de Dieu et du bien des âmes. Parfois sa correction était plutôt une humble prière ; et c'est par de telles délicatesses qu'il s'attirait la sympathie générale et de bon aloi si utile à tout supérieur.

Un jour, au couvent de Saint-Ange, où il résidait comme Provincial, il s'aperçut qu'un religieux n'avait pas assisté à l'oraison. Il l'appela et avec sévérité : « Mon fils, lui dit-il, ne vous privez pas de ce grand bien qu'est l'oraison ; allez la faire ». Ce fut tout, et ce fut assez : car l'avertissement porta son fruit.

Sa vigilance ne se bornait pas aux limites de sa résidence ; elle s'étendait à toutes les maisons de sa province. Et soit par des relations précises qu'il exigeait des recteurs, soit par les visites canoniques exactement accomplies, on peut dire qu'il portait les sollicitudes de tous et de chacun avec un dévouement et une générosité dont bénéficièrent grandement ces pieuses solitudes.

Les jeunes profès surtout continuaient d'attirer sa particulière attention. Il tenait tant à ce qu'ils devinssent de vrais Passionistes, épris de silence, de pauvreté, d'oraison, d'apostolat ! Comme il leur recommandait encore à l'occasion de ne perdre aucun moment des heures consacrées à l'étude !

Lui-même, pour les initier dans l'art de gagner les âmes, voulut leur donner des leçons d'éloquence. Dans ce but il composa un traité de rhétorique sacrée qu'il commenta à ses élèves, et qui plus tard fut publié. Il les exhortait vivement à nourrir leurs discours de la doctrine des Apôtres, des Pères de l'Église et des saints Docteurs.

C'est ainsi qu'à son école furent formés non seulement des religieux d'une remarquable piété, mais encore d'excellents missionnaires. Devenus à leur tour des ouvriers pleins de zèle et de savoir, ils remplirent dans la suite, avec distinction, les premières charges de l'Institut.

Le gouvernement de sa province aurait dû, ce semble, absorber toutes les heures du P. Vincent-Marie. Il trouva moyen, toutefois, d'exercer encore le saint ministère. Il put même écrire un grand ouvrage : la vie du saint Fondateur. Avant de l'entreprendre il consulta Dieu pour bien connaître sa volonté ; et rassuré il se mit à l'œuvre. Mais chaque fois qu'il reprenait la plume il renouvelait sa prière afin de retracer dignement ce que les hommes peuvent dire d'un saint Paul de la Croix.

Son style est simple sans être négligé, et si parfois on y rencontre quelque trait de grandeur, il n'a jamais le mauvais goût de viser à l'effet, là où le lecteur ne cherche que la vraie physionomie d'un saint. Contemporain et parfois témoin de ce qu'il rapporte, quel tableau vivant, lumineux et attirant il nous a laissé de son vénéré Père ! On sent à lire ces pages bénies qu'une onction divine pénètre dans l'âme, qu'un souffle ardent réchauffe le cœur, et l'on redit volontiers ce que proclame l'opinion générale lorsque parut ce travail : « C'est un saint qui a écrit la vie d'un saint ».

Les étonnants miracles de saint Paul de la Croix étaient trop récents pour être contestés ; bien des témoins oculaires vivaient encore. La renommée de ce grand missionnaire de la Passion et de son historien excita une religieuse curiosité. Le livre fut lu dans toute l'Italie. Néanmoins, sévère censeur de lui-même, le P. Vincent-Marie songea plus tard à en faire une révision. Les circonstances ne lui permirent pas de réaliser ce projet.

Évidemment ces nombreux travaux dépassaient ses forces. Dans son humilité il demandait à être dégagé de la charge de Provincial, fardeau trop lourd, disait-il, pour sa faiblesse. Cédant à ses prières, le chapître du 22 avril 1784 le nomma premier consulteur de la province.

S'il eut en cette année cette joie dans le cloître, il éprouva aussi dans le monde un nouveau deuil qui ne put laisser insensible son cœur de fils très aimant. Depuis déjà le 5 octobre 1777, son père Joseph Strambi avait quitté la terre, fortifié par la grâce des sacrements et rayonnant de la sérénité du juste. Éléonore restée veuve, s'était dès lors spécialement consacrée à Jésus-Christ, et ne pensait plus qu'à plaire à Dieu en faisant toujours de nouveaux progrès dans la perfection. Et cette pieuse mère, Vincent eut la douleur de la perdre le 21 décembre 1784. Mais il eut la consolation plus grande encore de songer que le ciel allait accueillir bientôt celle dont la vénération publique proclamait ici-bas les vertus.

Réélu consulteur en 1787 le P. Vincent-Marie eut pendant six ans une période de plus grande liberté qu'il consacra à la prédication. Ce fut une longue série presque ininterrompue de missions, retraites, ministères divers dont le récit serait trop long.

Faisons mention seulement d'un fait parce qu'il tient du prodige, et qui survint durant la mission d'Ancône, en 1788. Comme toujours enflammé d'un saint zèle il prêchait dans la vaste église des Dominicains. Chaque jour une foule considérable attirée par sa réputation accourait pour l'entendre. Or, une fois pendant son discours sa voix revêt soudain je ne sais quoi d'ineffablement tendre et ardent à la fois, son visage reflète plus que d'ordinaire le feu sacré de son cœur ; et de l'image de la Vierge part une gerbe de rayons lumineux qui vont droit à la poitrine du Bienheureux. A cette vue l'auditoire s'émeut, s'étonne, admire...

La mission n'était pas encore finie que le récit de ce fait merveilleux se répandit partout. On en parlait même à Rome.

Ce ministère achevé le P. Vincent-Marie dut se rendre au couvent de Saints-Jean-et-Paul. Et là quelqu'un voulut l'interroger sur l'événement d'Ancône. L'humble Père un peu surpris, cherchant à éluder, à couvrir le fait, en révéla sans y penser, une circonstance particulière : « A l'autel de cette image, dit-il, j'ai célébré la messe, et j'ai vu ses yeux se mouvoir ».

On était d'ailleurs communément persuadé que Dieu le favorisait de grâces extraordinaires, et en particulier du don de prophétie.

C'est ainsi que vers cette époque on considéra comme prophétique l'assurance qu'il donna d'une santé meilleure et d'une vie laborieuse à un jeune religieux gravement atteint d'hémoptysie. « Dieu le veut, Dieu le veut ! » avait-il dit. Et Dieu le voulut si bien que de longues années ce missionnaire travailla au salut des âmes.

Tandis que le Seigneur semblait ainsi de plus en plus honorer ce fidèle serviteur, celui-ci n'avait d'autres aspirations que celles de la vertu, et en particulier de l'humilité.

Élevé malgré lui aux premières charges de son Institut il en évitait autant qu'il pouvait les titres et les honneurs. Ainsi parfois quand on l'appelait P. Consulteur il répliquait modestement : « Je m'appelle P. Vincent, il ne s'agit pas de consulte maintenant ».

Pareillement dans les missions qu'il dirigeait en qualité de supérieur, il entendait qu'on ne lui donnât pas d'autre dénomination que celle de P. Vincent.

Mais là où ce vrai religieux ne protestait plus c'était

lorsqu'on l'humiliait. Étant déjà consulteur provincial il sortit un jour selon l'usage pour une petite promenade commune. Comme il marchait un peu trop lentement, il était resté quelques pas en arrière du groupe principal, et causait tranquillement avec son compagnon. Ce qu'ayant remarqué, le P. Général, qui voulait éprouver sa vertu, lui en fit une longue et sévère réprimande.

Le P. Vincent de se mettre aussitôt à genoux et de se taire. Et comme le R^me^ Père s'était remis en marche sans lui donner la permission de se relever, il demeura ainsi, dans cette humiliante attitude, jusqu'à ce que son supérieur, qui était déjà loin, s'en fût aperçu et lui eût fait signe de venir. Il rejoignit alors les autres sans manifester le plus léger mécontentement, et paraissant même tout joyeux de son aventure. Et encore crut-il nécessaire de s'accuser, le soir au réfectoire de ce prétendu scandale devant la communauté profondément édifiée de tant d'humilité.

Incontestablement c'est être plus grand devant Dieu de pratiquer ainsi la vertu que de faire des prodiges. Ce fut aussi pour Vincent le moyen d'affronter sans péril les honneurs qui l'attendaient.

CHAPITRE VIII

Les troubles politiques

L'ÉPOQUE où nous entrons évoque dans notre histoire française et même européenne, à côté d'incontestables gloires, de bien lugubres souvenirs.

Le P. Vincent-Marie, élu consulteur général en 1790, devait être confirmé dans cette charge en 1796. C'est en cette qualité qu'il va encore se dévouer quelques années à la prospérité de sa chère Congrégation.

Pour lui aussi s'ouvre une longue série de travaux, d'angoisses, de persécutions cruelles. Mais sa grande âme d'apôtre sera toujours au-dessus de tous les périls.

Lorsque la Révolution eut, en France, massacré les prêtres, renversé les autels, son pouvoir satanique tourna son regard vers Rome. On prétendit anéantir la *superstition* en détruisant la papauté.

Des émissaires furent envoyés pour agiter la capitale du monde catholique. Dès 1796 commençait la fameuse campagne d'Italie qui a laissé de bien amers souvenirs par delà les Monts.

Vincent sentit son âme blessée de tous les coups portés à la Religion. Toutefois se confiant dans la Providence et dans la promesse d'éternelle durée faite à l'Église, il paraît soutenu par une force supérieure. Son zèle s'enflamme et se multiplie. Et tandis que les uns se taisent, que d'autres se cachent, lui court de toutes parts pour annoncer la parole de vie et d'espérance, pour opposer les maximes de la foi aux sophismes de l'incrédulité.

En cette même année 1796, il prêchait une grande mission à Rome, et adressait la parole sainte sur la place Colonna à un peuple innombrable. Un jour surtout il appela les âmes à la pénitence avec une incroyable ardeur. « Car, s'écria-t-il, le châtiment est proche, d'horribles calamités menacent l'Église, et il n'y a plus un saint François, un saint Dominique pour apaiser Dieu et arrêter les fléaux de sa colère ».

Et cela on le vit bientôt se réaliser.

Dans cette mission, ordonnée par le Saint-Père pour que le retour du peuple à Dieu écartât les plus grands châtiments près d'éclater, il produisit la plus vive impression sur ces foules, malgré tout profondément croyantes. On l'écoutait avec avidité, on pleurait, on gémissait, des pécheurs obstinés jusqu'alors embrassaient la pénitence. Et, fait plus extraordinaire encore, bon nombre d'auditeurs, qui, dans cette vaste enceinte, ne pouvaient entendre sa voix, se convertissaient rien qu'en le voyant.

Un jour la véhémence de sa prédication lui ôta la voix. Il essaie de parler, s'efforce ; impossible de se faire entendre. Alors prenant en main le grand crucifix qu'il avait à côté de lui sur l'estrade, il le montre à l'auditoire et profère comme il peut ces paroles : « Peuple bien-aimé, je ne puis plus parler ; ce Christ parlera pour moi ». Et il descend. Ce geste provoque une indicible émotion que traduisaient de partout les gémissements du repentir.

Le dernier jour de la mission il organisa une procession solennelle, de la place Colonna à l'église de Sainte-

Marie du Peuple ; et la foule fut si grande que toutes les rues et les places ne pouvaient la contenir. Par de communes supplications tous imploraient les divins pardons.

Prêchant dans la ville de Jesi en 1797 il dut encore convoquer son auditoire en plein air à cause du grand concours de peuple. Or pendant son instruction le ciel tout à coup se rembrunit, le vent précurseur de l'orage se fait sentir, de gros nuages noirs s'avancent rapidement, et la pluie commence à tomber. Surprise et désarroi dans l'assemblée, chacun songe à trouver un abri. Mais lui, sachant qui avait déchaîné la tempête . « Restez, arrêtez-vous ! » s'écrie-t-il. On obéit. Il entonne les litanies de la sainte Vierge, et tous y répondent. Soudain la pluie cesse, le temps s'éclaircit, et le missionnaire continue son discours à ce peuple étonné du fait comme d'un réel prodige.

Tandis que le Bienheureux évangélisait les villes des États Pontificaux et du royaume de Naples, arriva l'invasion de Rome par les armées françaises. On prétendait ainsi venger la mort du fougueux général Duphot qui, quelques semaines auparavant, s'était imprudemment attiré le coup de feu des policiers romains.

« Le 15 février, au Capitole, la République fut proclamée. Le Pape n'était plus qu'un embarras. Il fut invité à partir. Il refusa d'abord ; puis la suggestion se transformant en ordre, il céda ».

« Donc le 20 février 1798, deux heures avant le jour, les portes du Vatican s'ouvrirent pour laisser passer Pie VI. Péniblement, il monta en voiture, car il avait quatre-vingts ans et était presque perclus...

» On gagna la Porta Angelica, et dans le silence de la nuit qui finissait, on s'éloigna de cette ville de Rome que le Pape ne reverrait plus. Peu de serviteurs et une suite strictement comptée. Dans le misérable cortège, des commissaires français, surveillants humains, mais surveillants[1] ».

C'est donc ainsi que fut traité « *ce saint Pontife* de qui Vincent disait qu'il fut *le plus humble, le plus affable, le plus aimant des hommes* ».

Ce chemin de l'exil était pour lui ce long chemin de la croix qu'avait prédit notre saint Fondateur, et qui le conduisit, de station en station, jusqu'à son calvaire de Valence où, semblable à la grande victime, il dépensait ce qui lui restait de forces pour dire : « *Ignosce illis ! pardonnez-leur !* »

Disons pourtant que sur ce chemin douloureux il avait eu aussi la vision consolatrice du vrai peuple de France, avide de le voir, d'être béni, et que « quand les gendarmes ne craignaient pas d'être dénoncés ils n'écartaient que doucement les fidèles ; ou mieux encore, les laissaient approcher. On en vit même qui désignaient la voiture et indiquaient la place où se tenait le Saint-Père[2] ».

Pendant ce temps dans la ville Éternelle c'était l'impiété triomphante. Les Romains étaient *républicanisés* malgré eux, et bientôt, naturellement, les religieux chassés de leurs couvents. Grandes furent les angoisses du P. Vincent-Marie. Son énergie pourtant si forte, pouvait à peine en soutenir la violence. Ces déchirements de son âme il les exprima dans des lettres qu'il écrivit durant ces jours déplorables. Mais on y retrouve sa foi vive. Il regarde les persécutions de l'Église comme des traits admirables de la divine Providence qui fait ser-

1. Baldanari cité par P. de la Gorce.
2. Pierre de la Gorce.

vir les triomphes passagers de l'impiété à la gloire de la Religion.

La prétendue République ayant supprimé à Rome les Ordres religieux, il fut chargé par ses Supérieurs d'aller communiquer cette triste nouvelle au noviciat du Mont-Argentaro. Peine profonde pour ces jeunes gens obligés de quitter le saint habit et de se disperser dans le monde. Mais Vincent les rassura en leur disant que l'épreuve serait courte, que le noviciat se rouvrirait bientôt plus florissant que jamais. Et c'est en effet ce qui devait se réaliser.

Cet homme qui récemment avait tenu Rome sous le charme puissant de son éloquence toute apostolique ne pouvait que faire ombrage au pouvoir usurpateur. Pour le soustraire à toute mesure vexatoire on jugea prudent de l'envoyer à Ponte Corvo.

Il n'y demeura pas inactif. Il prêcha d'abord des retraites. On rapporte même ce trait. Avant de quitter un couvent où il venait de donner les saints exercices, il dit à la jeune Sœur Marie-Céleste, qui jouissait d'une santé florissante : « Préparez-vous, car ce mois-ci il faudra partir ». Les autres religieuses souriaient de la prédiction, parce que leur robuste compagne n'avait pas du tout l'air de vouloir mourir si tôt. Mais le 21 de ce même mois une fièvre opiniâtre qu'aucun remède ne put arrêter l'arrachait prématurément à leur affection et justifiait le mystérieux avertissement du P. Vincent-Marie.

De Ponte Corvo le Bienheureux se lança de nouveau dans une tournée de missions successives et fatigantes à Pérouse, Terni, la Fiève, Ferentino attirant toujours les foules à lui et renouvelant la vie chrétienne sur son passage.

A Terni, où Monseigneur l'avait expressément appelé il apprit qu'on faisait de grands préparatifs pour ouvrir un théâtre. Sachant à combien de dangers la vertu est exposée dans ces spectacles il fit une intrépide opposition à ce projet. Et dans son dernier discours aux notables de la ville, il parla avec tant de chaleur et de logique surnaturelle que tous à l'unanimité promirent de renoncer à leur malencontreux dessein.

Mais cette résolution de retraite ne s'accordait pas avec les combinaisons intéressées de certains spéculateurs, vite rassurés sur la question morale dès qu'il y avait de l'argent à gagner. Ceux-ci vinrent donc auprès du missionnaire et avec toute la verve qu'inspire la soif de l'or s'efforcèrent de l'attirer à leur sentiment. Inflexible comme la vérité Vincent tint bon, et le projet croula complètement.

Pendant ce temps Pie VI mourait en exil le 29 août 1799, et l'Église passait par une des crises les plus douloureuses de son histoire.

Mais voilà que les alliés rentrent en Italie, mettent en déroute les drapeaux de la Révolution et redonnent à la ville des Papes la liberté de recevoir et d'acclamer son légitime souverain, Pie VII.

Oui, « c'est au milieu de ces révolutions, de ces guerres, de ces nations depuis si longtemps mal disposées que fut élu tranquillement à l'unanimité moins une voix, la sienne, le cardinal Chiaramonti, évêque d'Imola, qui prit le nom de Pie VII [1] ». Mais avant d'en arriver à cette claire lumière où se fit enfin cette élection le conclave s'était prolongé dans une douloureuse attente de trois mois.

Le nouveau Pontife se hâta d'apporter à ses sujets

1. Rohrbacher.

la paix, la joie et la vraie liberté. Le 3 juillet il fit son entrée triomphale dans Rome qui l'accueillit avec des transports d'allégresse. Quant à la joie du P. Vincent-Marie elle fut en proportion de ce qu'avaient été ses angoisses. Et l'on nous dit qu'à la vue de Pie VII, de cette belle physionomie, douce et sereine, de cette bonté qui captivait les cœurs, il ressentit une émotion si tendre qu'il en versa d'abondantes larmes.

Le gouvernement paternel du légitime Souverain s'occupa immédiatement de rétablir l'ordre et le calme dans ses États, malgré les sourdes menées des sociétés secrètes. Il fallait surtout guérir d'abord les âmes plus ou moins blessées par les récents scandales de l'impiété. Et voilà le P. Vincent-Marie qui repart pour une série de missions qui ne dura pas moins d'un an. Toujours les mêmes fruits dans les âmes ; toujours même ferveur intime dans la sienne.

Quand il rentrait au couvent on eût dit qu'il ne venait pas du monde tant il était pénétré de recueillement et d'union à Dieu.

Ce n'est pas assurément que dans ces courses apostoliques, comme dans celles des années précédentes, il n'eût rencontré dangers, difficultés et fatigues de toutes sortes. Mais il veillait avec un soin extrême à sauvegarder par tous les moyens cette vie intérieure sans laquelle le meilleur prédicateur n'est plus qu'un phraseur et une cimbale à peine retentissante.

Il pratiquait le premier cette modestie extérieure des yeux et de tous les sens qu'il appelait la *prédication de saint François* et qu'il avait tant recommandée à ses étudiants de Saints-Jean-et-Paul.

Dans ses voyages, peu préoccupé de voir les curiosités que les circonstances lui offraient, il tenait son âme dans le recueillement de la prière. Comme il était un jour invité à voir un beau palais, « je voudrais voir le ciel », répondit-il avec une aimable indifférence.

Le ciel ! il en eut bien parfois du moins quelques avant-goûts, même durant ses ministères les plus mouvementés. Car il se gardait bien d'omettre alors la sainte oraison et de mériter le reproche que l'activité pourtant si sainte de saint Dominique s'était d'abord attirée : *tu sèmes beaucoup, mais tu n'arroses pas.*

Cette oraison était le repos de ses fatigues, l'élévation de son âme, et parfois même de son corps si pur et si mortifié. Un jour à Ponte-Corvo, où il était l'hôte de la famille Noro, il se retira dans sa chambre et dit à son compagnon de ne pas quitter la sienne avant qu'il fût sorti lui-même. Le temps se prolongeant outre mesure ce religieux crut devoir aller à ses occupations. Dans cet intervalle, une personne de la maison cherchant le P. Vincent-Marie pour une affaire pressante, frappa à sa porte. Personne ne répondait. Elle entra. Et, avec la stupeur qu'on devine, elle vit le Bienheureux soulevé de terre, immobile, insensible à tout bruit extérieur. Il paraissait abîmé en Dieu et rayonnant de lumière et de joie.

Ce recueillement il tâchait de le conserver au plus fort même de l'action, et il lui échappe même une fois de dire : « Je me croirais coupable d'un péché si en prêchant je ne gardais le souvenir de la présence de Dieu ».

Aussi une fois, dans une mission, la suavité de son recueillement le ravit même durant sa prédication ; et on le vit encore s'élever de l'estrade et comme voler en l'air.

Il suffisait d'ailleurs de le voir prier, et surtout de

le voir à l'autel où si souvent ses traits s'animaient et ses larmes trahissaient son amour ; on était vite convaincu de l'intensité de sa vie intérieure.

Il n'est plus étonnant dès lors que le peuple accourût à lui comme à un saint, et que les paroles d'un tel prédicateur fussent accueillies comme tombant du ciel. Et si plus d'une fois les oppositions, la malveillance exercèrent la patience et l'humilité de l'homme de Dieu, généralement son action surnaturelle triomphait et attirait tout au divin Crucifié.

Quant à lui, fidèle observateur de ce qu'enseignait saint Paul de la Croix, dès que la mission était achevée il se dérobait à la vénération et même aux faciles ovations des foules enthousiasmées. Il trouvait alors moyen de se dissimuler habilement et de regagner immédiatement sa chère solitude.

Car c'était là surtout qu'il se trouvait dans son élément et qu'il se croyait en sécurité. C'est de là pourtant que son grand mérite va l'arracher pour une action encore plus en vue.

CHAPITRE IX

L'épiscopat

Le nouveau Pontife-Roi, Pie VII, avait tout à réorganiser ou à créer en entrant dans sa capitale. Bon nombre de diocèses étaient sans évêques. La foi était ébranlée ; il fallait la raffermir. Les droits de l'Église toujours attaqués ; il fallait les défendre.

Pour cette grande œuvre il importait beaucoup de confier les plus hautes dignités ecclésiastiques aux plus dignes et aux plus résolus d'aller jusqu'au sacrifice, si besoin en était, pour assurer le renouveau tant souhaité.

Cette grande préoccupation évoqua naturellement dans l'esprit du Saint-Père le souvenir du P. Vincent-Marie dont il connaissait la sûre doctrine, la vie exemplaire et le zèle infatigable. Il le nomma évêque de Macerata et Tolentino.

Macerata, chef-lieu du territoire de même nom est une belle petite ville d'environ 12.000 habitants. Elle est ornée de vastes places, d'une riche cathédrale, d'antiques portes monumentales. Elle s'honore aussi de posséder une université. Tolentino n'a pas la même importance, mais garde la gloire bien précieuse d'être la patrie de saint Nicolas, et celle beaucoup moindre d'avoir donné son nom au traité de paix qui y fut conclu entre Pie VI et Bonaparte.

C'est donc là que l'humble P. Vincent-Marie devait,

de par l'ordre du Pape, s'installer comme premier Pasteur. Cette nouvelle le jeta dans la consternation. Consterné il l'était, parce qu'il regardait sans illusion les responsabilités formidables de la charge pastorale.

Il chercha tous les moyens de se soustraire à un si lourd fardeau. Il courut chez le cardinal Antonelli, son ami intime, et dut sans doute répéter avec amplifications ce qu'il avait déjà dit à un religieux quelque temps auparavant. Celui-ci lui faisant pressentir cette nomination : « Avoir pensé à moi, répondait-il, ce n'est pas possible ! Il faudrait que tout le monde eût perdu la tête ! »

C'était devenu une réalité, et il en était inconsolable. Son Éminence le rassura de son mieux ; mais lui conseilla d'accepter. Ce n'est pas ce qu'était venu chercher Vincent. Il résolut d'aller plus haut. Et le voilà aux pieds du Saint-Père, le suppliant, tout en larmes, d'avoir pitié de son incapacité, de sa faiblesse et plaidant éloquemment en faveur de son humilité.

C'était une cause désespérée. Le pape le combla d'éloges comme pour mettre cette humilité à la torture, et avec une bonté qui n'excluait pourtant pas la fermeté il lui dit : « Sachez que c'est par une inspiration divine que mon choix s'est reposé sur vous. Personne ne me l'avait suggéré. Je veux que vous acceptiez ».

L'ordre était formel ; Vincent se soumit, et l'élection fut publiée au Consistoire du 20 juillet 1801.

Aussitôt accoururent au couvent de Saints-Jean-et-Paul des notabilités du monde romain, des cardinaux, des prélats, le félicitant avec une joie bien sincère de sa nouvelle dignité. Tout en répondant à chacun avec une affabilité charmante il ne souffrit pas moins au fond de son âme si modeste de ce qu'il appelait gracieusement *molesta persecuzione*, une gênante persécution.

Pour s'y soustraire, et plus encore pour se préparer à la consécration épiscopale, il se retira au couvent solitaire de Monte-Cavi. Là, comme dans un cénacle, par la prière et la pénitence, il s'efforça de purifier encore plus son âme pour recevoir la plénitude de cet Esprit de lumière et de force si nécessaire à un évêque. Il profita aussi de ce temps de recueillement pour rédiger sa première Lettre pastorale, document d'une noble simplicité, où parmi les plus riches aperçus on retrouve toujours la voix du père et la suavité du saint.

Quelques jours après, le 26 juillet, avait lieu l'imposante cérémonie de sa consécration dans la basilique de Saints-Jean-et-Paul. Elle revêtit un majestueux éclat par la présence d'une foule nombreuse, séculiers du plus haut rang, prélats, évêques. On remarquait particulièrement l'archiduchesse Marie-Anne, sœur de l'empereur d'Autriche.

L'évêque consécrateur fut le cardinal Antonelli, pénitent du Bienheureux et, comme on l'a dit, son intime ami. Les deux assistants furent Mgr Litta, archevêque de Thèbes, qui devint cardinal, pénitent lui aussi de Vincent, et Mgr Fenaja, archevêque de Philippes, vicegérant de Rome.

Quand il en vint à l'onction épiscopale le prélat consécrateur fut tellement ému qu'il versa des larmes. Mais c'est surtout vers Mgr Strambi qu'allaient tous les regards. Il paraissait ravi, hors de lui-même, tout absorbé dans la contemplation de la liturgie sacrée et dans la prière ardente pour en obtenir toute la divine efficacité. Le brillant de ses pleurs et le feu de ses traits lui donnaient un air séraphique. Et de fait il sera bien pendant vingt-deux ans l'ange conducteur et tutélaire de son heureux diocèse.

Après avoir fait ses visites aux Cardinaux et demandé la bénédiction du Souverain Pontife, qui l'accueillit avec une extrême bonté et lui accorda de nombreuses faveurs pour son Église et pour lui-même, il quitta Rome le 31 juillet.

Il prit le chemin de Viterbe, désirant passer au couvent de Saint-Ange près de Vetralla, cette chère solitude qui réveillait en lui de si pieux souvenirs et les premiers beaux jours de sa vie religieuse sous la direction de son bien-aimé Fondateur. Heureux de se retrouver au milieu de ses Frères, il voulut encore vivre de leur vie ; et, reprenant le saint habit qu'il n'avait quitté qu'à regret et par obéissance, refusant toute distinction, il les pria de le laisser suivre toutes les observances communes, même les plus humbles et les plus austères.

Ce sera toujours sa pratique quand il viendra dans quelque couvent. Jamais d'ailleurs il n'acceptera nulle part quelque honneur que forcé, en quelque sorte, par ce qu'il devait à son caractère sacré. Mais les titres pompeux et superlatifs chatouillaient désagréablement les oreilles de son humilité. Il voulait que ses amis et les habitués de sa maison, laissant de côté l'*illustrissime* et le reste, l'appelassent tout bonnement *le P. Vincent.*

La communauté de Saint-Ange eût bien désiré s'édifier plus longtemps de sa vertu et de ses doux entretiens. Mais le Pasteur se devait à son troupeau, et il reprit son chemin non sans s'arrêter encore un peu chez les Passionistes de Pievetorina.

Continuant son voyage il trouva dejà à Lanciano deux ecclésiastiques qui venaient lui offrir l'hommage du chapitre de sa cathédrale. A Sanseverino, deux nobles personnages lui présentèrent aussi les vœux de la magistrature et de toutes les classes de la population. Puis tous ensemble se dirigèrent vers Macerata où l'attendait une réception triomphale.

L'humble Vincent ne voyait dans toutes ces démonstrations que l'honneur dû à la dignité épiscopale, si dépréciée par les déclamations impies des mécréants.

Enfin sur le soir du 13 août il fit son entrée dans sa ville épiscopale accueilli par le clergé, les autorités, la noblesse et le peuple. L'élan et l'enthousiasme éclatèrent de toutes parts, et c'était sincère car depuis longtemps le renom de l'homme de Dieu l'avait précédé à Macerata.

Monseigneur se dirigea vers la cathédrale d'où, après quelques instants d'adoration, il se rendit à l'évêché. Dans la soirée il reçut les notabilités, et eut pour tout le monde l'accueil et la parole qui plurent, édifièrent et firent tomber peut-être déjà quelques préventions défavorables. Car il y avait bien au milieu de cet enthousiasme bien sincère quelques mécontents qui ne tardèrent pas à manifester aussi leurs sentiments.

Le lendemain matin, veille de l'Assomption, eut lieu la prise de possession solennelle. De l'évêché un nombreux cortège accompagna processionnellement à la cathédrale le nouvel évêque qui, après avoir reçu l'obédience de son clergé, prit la parole en ces termes : « *Qui est misit me ad vos. Celui qui est m'envoie vers vous* ».

Laissant alors un libre cours à cette éloquence évangélique qui tant de fois avait édifié et soulevé les foules, i impressionna vivement son auditoire, et semblait inslpiré par ce Dieu dont il parlait si bien.

Le lendemain, durant les offices solennels, il prêcha encore. Ce ne pouvait être que sur les gloires de Marie.

Dès les premiers mots son cœur s'enflamma, et, attestent des témoins, il pouvait à peine contenir les transports de son âme. Son visage enflammé, ses regards à tout instant portés vers le ciel, les ardeurs de son amour firent croire qu'il voyait réellement cette auguste Reine sur son trône de gloire, et qu'il tâchait de la montrer au peuple telle qu'il l'apercevait et la vénérait lui-même.

Sans retard le bon Pasteur consacra les premiers jours à s'informer des besoins de son troupeau, tant pour le spirituel que pour le temporel.

Les pauvres furent recommandés à la particulière sollicitude d'un chanoine qu'il nomma son aumônier et auquel, d'un geste très large il fit aussitôt remettre tout l'argent qu'il possédait. Et c'est en distribuant ainsi tout ce que des bienfaiteurs, des amis lui avaient donné à Rome ou ailleurs qu'il prétendait surtout solenniser son entrée dans sa ville épiscopale.

Ces généreux débuts ne furent jamais démentis. Il considérait les indigents comme les vrais destinataires de ses revenus. Lui n'était que l'économe, ne se réservant rien, ne voulant surtout jamais se payer chevaux et voitures malgré toutes les représentations qu'on lui faisait à ce sujet. Le Comte Gatti lui offrant son propre carosse, Vincent l'assura que s'il en devenait propriétaire il ne s'en servirait pas davantage ; mais le vendrait pour secourir ses pauvres.

Que de traits semblables il y a dans sa vie ! Mais à cet homme détaché de tout, qui faisait des prodigalités pour secourir le dénûment, Dieu envoyait des secours inattendus qui dépassaient de beaucoup les ressources ordinaires de la mense épiscopale.

C'est aussi en répandant des aumônes abondantes que le compatissant prélat visita les prisons, les hôpitaux. Et ses douces paroles, dès lors encore mieux acceptées, portaient au fond des âmes reconnaissantes patience, résignation et surnaturel espoir.

Les communautés religieuses reçurent leur nouvel évêque avec une joie et une vénération qui ne furent pas déçues. Le Bienheureux leur adressa des paroles pleines d'onction et de ferveur qui plurent à ravir et surtout édifièrent grandement.

Toujours attentif à ce qui peut faciliter le bien, il se hâta de rendre leur visite aux curés de la ville, et avec eux il combinait déjà ses projets d'œuvres et d'apostolat.

Jamais peut-être évêque n'acquit en si peu de temps une telle sympathie et un tel ascendant. De tous côtés on accourait à lui ; on voulait le voir, l'entendre le consulter. C'était déjà le *saint* et le père commun de tous ceux qui recouraient à lui.

Cette action prit encore plus d'ampleur dans une mission qu'il fit donner à Macerata par les Pères Passionistes une vingtaine de jours après son arrivée. Lui-même prêcha le discours d'ouverture ; puis acheva d'émouvoir fortement son auditoire en remettant selon l'usage de l'Institut le grand crucifix aux missionnaires, chargés de continuer les prédications du soir.

A tous les exercices il était présent avec son chapître ; et même, à son tour, faisait quelques instructions, jusqu'au catéchisme, comme un simple religieux.

La ville entière fut soulevée, attirée par le charme et la puissance de sa parole apostolique.

Cette mission où clergé, notables, magistrats eurent leurs retraites spéciales prêchées par Monseigneur opéra une rénovation complète des âmes. Après avoir remercié avec effusion ses missionnaires le prélat les accompagna jusqu'à leur couvent de Morrovalle où il fut encore heureux de mener pendant trois jours sa chère vie de Passioniste.

Morrovalle ! qu'il nous soit permis de saluer en passant cette solitude prédestinée qui allait, un demi-siècle plus tard, initier à la sainteté un tout jeune fils de la Passion déjà canonisé depuis 1920, saint Gabriel de l'Addolorata [1].

Mgr Strambi fit son entrée solennelle à Tolentino le 4 octobre, fête de saint François d'Assise, patron de la cathédrale. Ce fut la même allégresse qu'à Macerata parmi le peuple. Ce fut la même parole ardente et douce de la part de l'évêque ; et aussi sa même bonté généreuse, encourageante pour tous ceux qui l'approchèrent. Pendant une dizaine de jours ce fut encore là une vraie mission.

Essayons aussi de pénétrer dans le palais épiscopal où réside ce religieux devenu évêque malgré lui. On se croirait dans un monastère. Le nouveau prélat, persuadé avec saint Bernard que la maison d'un évêque est l'école publique du diocèse, traça d'abord un règlement à son personnel, peu nombreux du reste ; un secrétaire, un majordome, deux ecclésiastiques, un frère lai de sa Congrégation et deux domestiques.

Le matin, au signal donné, tous se levaient à la même heure, et se rendaient à la chapelle pour l'oraison à laquelle Monseigneur était toujours présent. Lorsqu'il avait célébré la messe, chacun allait à ses occupations particulières.

Le soir encore, tous se réunissaient à la chapelle, s'appliquaient à l'oraison, récitaient le chapelet, et

1. Pour Vie ou notice biographique de Saint Gabriel, par le P. Bernard, s'adresser Abbé Bernard à Melay par Montaigu (Vendée).

après avoir reçu la bénédiction du prélat se retiraient en silence dans leurs chambres.

Mais surtout la vie intime du Bienheureux était rayonnante de piété, d'héroïques vertus. N'oubliant pas qu'il était Passioniste, il observait toujours, autant que possible, les Règles de son Institut.

Vers le milieu de la nuit, il se levait ; et, à genoux, profondément recueilli, il faisait une heure d'oraison mentale. C'est revêtu du saint habit de la Passion qu'il prenait son sommeil, et comme au couvent, sur une simple paillasse. De bon matin, il montait à l'autel après une heure de fervente préparation. Puis entendant la messe de son vicaire général, il s'abandonnait à tous les transports de sa reconnaissance envers Jésus-Hostie. Son grand bonheur c'était d'entendre alors non seulement une ou deux messes d'action de grâces, mais plusieurs quand l'occasion s'en présentait.

On voyait qu'en célébrant il se revêtait intimement des sentiments de l'adorable Victime, et selon la diversité des fêtes liturgiques. Tantôt son visage était rayonnant d'animation, tantôt au contraire très pâle. Parfois son âme semblait s'abîmer dans un recueillement profond ; parfois, s'épancher en des soupirs et des larmes.

Avec tout cela le Bienheureux était toujours attentif à bien observer les rubriques, et veillait aussi à ne gêner personne en donnant à sa messe une longueur insolite. Son action de grâces était suivie de la récitation des petites heures.

Le reste de la matinée était consacré à l'étude. Car sa nouvelle dignité ne faisait que le convaincre davantage encore de la nécessité pour lui d'une science éminente. Il se remit donc à la lecture de l'Écriture Sainte, des Pères de l'Église, particulièrement de saint Jean

Chrysostome, et dans le texte grec. Saint Thomas lui redevint familier. Le droit canon, le Pastoral de saint Grégoire, la vie des saints, d'où il tirait des exemples pour ses instructions, étaient aussi pour lui des conseillers habituels. Il ne dédaigna pas non plus de se tenir au courant des œuvres religieuses d'auteurs contemporains.

C'est encore alors qu'il écrivait ou dictait ses lettres, répondant à une multitude de personnes, d'évêques, de cardinaux même qui lui demandaient conseil, ou direction spirituelle.

Il voulut que sa maison fût accessible à tous, afin que tous pussent recourir à lui comme à leur père. Il ordonna qu'on fût introduit sans retard pour ne pas faire perdre de temps et multiplier des voyages. Et cette délicatesse allait si loin qu'il interrompait même son repas, son sommeil, sa prière, pour écouter et réconforter ceux qui venaient à lui.

Son aménité rassurait les timides et s'insinuait vite dans les cœurs. Aussi voyait-on souvent à l'évêché de nombreux visiteurs, ecclésiastiques, religieux, ou simples fidèles. Il devint bientôt comme l'oracle et le conseiller de toutes les classes de la société.

Son repas, où il ne voulut jamais que deux plats, était toujours accompagné d'une pieuse lecture. Quelle que fût la qualité de ses hôtes il ne se départait pas de cette simplicité. Suivait une causerie assez courte et toujours édifiante ; puis l'après-midi se passait comme la matinée. Sur le soir il disait son office, et ensuite se rendait souvent à l'église des Pères Barnabites. Là, seul, caché dans un petit réduit, il s'entretenait dans une longue oraison avec le Dieu de l'Eucharistie.

Évêque, il ne cessera jamais d'être religieux par ses sentiments et dans toute sa conduite. Il était particulièrement fidèle à l'esprit de pauvreté. Certains lui en firent même un grief. Ne regardant leur nouvel évêque qu'avec des yeux trop terrestres et n'apercevant pas dans son train de vie, dans sa suite et tout son extérieur l'éclat impressionnant des grandeurs humaines, ils se permirent de mépriser sa modestie, son détachement. On le censura amèrement, on lança des propos satiriques et même quelques injures.

Vincent, soucieux surtout de relever sa dignité par la science, le dévouement et la sainteté, supporta allègrement toutes ces critiques. Il ne s'en plaignit jamais, pardonna de tout cœur, et sachant fort bien d'où cela partait il ne voulut jamais sévir.

Si quelqu'un essayait de lui faire remarquer combien était répréhensible la conduite de ses détracteurs, il faisait aimablement cette réponse évasive : « Il faut prier Dieu de les éclairer, et continuer notre œuvre. Au reste, ne croyez pas que ces gens-là soient méchants, mais ils aiment ainsi à jaser ».

Si sous prétexte de décorum on insistait respectueusement, en lui représentant qu'il se devait un train de maison un peu plus brillant, voici quel était toujours son meilleur argument : « Et pour les pauvres que resterait-il ? »

Malgré tout ce n'était plus là la vie du cloître. Aussi, quand les affaires du diocèse le lui permettaient, il aimait à se replonger dans quelque pieuse solitude. Alors il se retirait soit chez les Lazaristes de Macerata, soit chez les Passionistes de Morrovalle ou de Recanati.

Parmi ses Frères surtout, redevenant religieux comme eux, portant le même habit, suivant le même horaire de nuit et de jour, il reprenait de nouvelles énergies pour mieux porter encore la croix de son laborieux épiscopat.

CHAPITRE X

L'évêque

En évangélisant ses deux villes épiscopales, Vincent n'avait fait que préluder à tout le bien qu'il projetait. Il va porter maintenant sa sollicitude pastorale sur tous les points de son diocèse.

Il se hâte de profiter du calme relatif du monde politique, car il pressent que ce n'est qu'une éclaircie entre deux orages formidables. Un pouvoir militaire et ombrageux fait déjà sentir sa main de fer pour plier le clergé à ses vues ambitieuses, ou le briser.

Alors, en effet, se traitait à Paris avec le concordat une question de vie ou de mort pour l'Église de France, et par contre-coup, de paix ou de guerre pour le Saint-Siège.

Il s'agissait donc pour le Bienheureux de raffermir la discipline ecclésiastique, de raviver les principes chrétiens parmi le peuple, et, plus que jamais, de rattacher fortement toutes les âmes à la chaire de Pierre de nouveau menacée.

Il ne lui suffisait pas d'être bon pour lui-même ; il devait l'être, et d'une façon pratique, pour les autres. Il commença donc par retracer en lui une parfaite image du vrai Pasteur. Et dans ce but, il médita profondément les Actes de l'Église de Milan, sous l'épiscopat de saint Charles Borromée. Trouvant là tout indiqués les devoirs de sa charge, il s'y animait à s'en acquitter avec une égale constance.

C'est par lui-même qu'il prenait connaissance des besoins de son diocèse. S'il laissa les causes judiciaires à son vicaire-général, il voulut que toujours la décision définitive lui fût soumise. Pour tout le reste il y apportait un examen détaillé, très personnel, s'aidant par ailleurs des lumières du ciel et de la terre, sans jamais rien précipiter.

Il répétait souvent avec l'Esprit-Saint que *la sagesse est dans le conseil*, et prenait volontiers l'avis d'hommes expérimentés. Mais son grand recours était la prière. Il n'était pas rare que, même dans l'entretien où l'on traitait avec lui quelque affaire, on fût invité à se mettre à genoux afin d'obtenir l'assistance divine par une commune prière.

Aussi disait-on de lui : « Mgr Strambi ne se décide jamais qu'après la sainte messe et l'oraison ».

Bien que rigoureux observateur des lois de la résidence, il dut néanmoins, sur la volonté expresse du Souverain Pontife remplir divers ministères hors de son diocèse. C'est ainsi que, dans le mois d'octobre 1802, nous le retrouvons prêchant avec un Père Passioniste une grande mission à Fermo, puis à Recanati. Après celle-ci il en ouvrit une autre à Tolentino même et la clôture sur la fin du carême.

Le Pape, on l'a vu, en l'appelant à l'épiscopat, avait voulu qu'il conservât sa charge de consulteur général de sa Congrégation jusqu'au prochain chapître. Cette réunion se tint à Saint-Ange et le vénérable Prélat y présida. Si la dignité de son caractère et l'éclat de son mérite l'auréolait d'une impressionnante grandeur aux yeux de ses anciens confrères, sa modestie et la suave simplicité de ses manières montrèrent, une fois de plus, que pour eux surtout il était bien toujours l'humble P. Vincent.

Il prit ensuite le chemin de Civitavecchia, où l'appelait le Saint-Père qui l'avait nommé Visiteur apostolique de cette ville avec le cardinal Antonelli. Son éminent collègue le pria de préparer d'abord le peuple par une mission.

Les habitants de sa ville natale, fiers de revoir comme évêque celui qu'ils avaient déjà admiré comme missionnaire, vinrent en foule à ses prédications. Le grand bien qui en résulta répondit au désir du Pape, et l'enthousiasme fut indescriptible, surtout quand le Bienheureux dut repartir.

Il était rentré depuis quelque temps à Macerata, lorsqu'une cérémonie mémorable le rappela à N.-D. de Lorette. On venait de ramener de Paris au célèbre sanctuaire la statue miraculeuse de Marie dont les soldats de la République s'étaient emparés dans leur récente campagne.

Le Souverain-Pontife voulut donner à ce retour le caractère d'un éclatant triomphe et d'une juste réparation envers l'auguste Mère de Dieu. Plusieurs évêques furent invités ; Mgr Strambi était du nombre. Ce fut même lui qui eut l'honneur d'aller recevoir la statue à Recanati, où elle fut exposée toute la journée du 8 décembre. Ce jour-là il célébra pontificalement, et avec les marques de la plus tendre dévotion pour sa Mère bien-aimée.

Le lendemain, dans une imposante procession, la Madone vénérée fut rapportée à Lorette. Les cordons du pavois virginal étaient tenus par huit évêques en *cappa magna*, et précédés du cardinal, évêque d'Ascoli.

Après quatre jours de brillantes solennités et de religieuse allégresse Vincent inaugura la mission dans cette même église de Lorette. Et avec l'ascendant que nous lui connaissons il remua toutes les âmes. Ce fut un renouveau général.

Le voici revenu dans son diocèse. Il a composé son conseil des hommes les plus distingués par la science et la vertu. Il en est un surtout dont le mérite s'imposait déjà, et qui, alors professeur au collège des Barnabites, fut plus tard bien connu sous le nom de cardinal Lambruschini.

L'évêque avait ce religieux en profonde estime et lui avait confié la direction de son âme. Et bien que lui-même rempli de l'Esprit de Dieu, il ne prenait jamais une décision définitive sans le consulter.

Il voulait un clergé instruit, pieux, zélé ; et pour y contribuer il ne se donna aucun repos. Statuts diocésains qu'il renouvela, retraites qu'il prêcha, exhortations particulières ou publiques, tout fut tour à tour mis en œuvres pour atteindre ce but. Pour exciter toujours plus ses prêtres à ne pas aller entendre les confessions sans faire un peu d'oraison, il leur disait : « Comment un confesseur pourra-t-il allumer le feu de la charité dans les autres, s'il n'en est lui-même embrasé ? »

C'est lui qui, à Macerata, introduisit l'usage des conférences ecclésiastiques. Une fois par mois on se réunissait dans la sacristie de la cathédrale. Lui-même présidait, intervenant fréquemment avec un à-propos et une compétence qui jetaient la lumière sur les questions les plus compliquées.

Lui qui se préoccupait si peu de mener grand train, il trouva moyen de doter son Séminaire d'une riche bibliothèque qu'il voulut à l'entière disposition de son clergé.

Ses prêtres ! comme il les aimait ; et sans jamais rien perdre de sa dignité comme il les respectait ! Jusque dans ses réprimandes, sa vénération pour leur caractère sacré se manifestait par un juste mélange de douceur et de fermeté.

Sa foi et son humilité lui facilitèrent toujours cette charité vraiment paternelle qui finit par gagner les cœurs les plus inabordables. Il n'était pas même déconcerté si dans un moment d'emportement et d'oubli on lui manquait gravement de respect.

Un jour quelques membres de son chapitre de Tolentino vinrent le trouver pour un différend qui les divisait. Son accueil et sa contenance furent comme toujours pleins de mansuétude et de bienveillance. Mais l'un des chanoines, voyant sans doute, dans le courant de l'entrevue, que sa cause prenait le sens de la déroute, eut recours à des arguments aussi peu courtois que canoniques pour conjurer ce malheur. Le voilà qui s'exhale contre le vénérable prélat en paroles offensantes, injurieuses, et même pleines de menaces. Le Bienheureux, sans broncher ni lui répondre un mot, supporta l'avalanche. Et lorsque tout fut fini, il lui parla tranquillement, avec bonté, de diverses choses, comme s'il eût été son meilleur ami. Mais tout cela n'eût pas fait modifier d'un cran une décision prise dans la claire vision de la justice.

Un jour de Pâques, se trouvant encore à Tolentino, il avait prononcé une belle homélie sur la paix. Le chef des gardes nationaux en prit prétexte pour lui faire mettre immédiatement en pratique ce qui avait fait la matière de ce discours. Ce fonctionnaire était fort mécontent de ce que son frère, déjà diacre, se voyait refusé l'accès, du moins immédiat, au sacerdoce. Après dîner donc, le modeste mais impérieux gradé, endimanché de son petit uniforme, se rend auprès de Monseigneur. Il éclate bientôt en propos insolents. Il reproche à l'évêque de fomenter la discorde après avoir prêché la paix, d'être sans pitié, au point de réduire par son intransigeance une famille à la misère ; et autres aménités de ce genre.

Et Vincent qui, pourtant sans trembler, rappelait assez bien l'agneau candide devant le loup furieux, de répondre. « Pourquoi, mon fils, insulter ainsi ton évêque ? A Strambi fais tout ce que tu voudras, mais à l'évêque tu dois le respect ». Et d'une voix douce comme une caresse il ajouta : « Je suis ton père : je te pardonne ».

Quelques ecclésiastiques présents, outrés de cette inconvenante sortie du sergent, tâchèrent de l'amener à présenter ses excuses à Monseigneur. Et le jour, où revenu à de meilleurs sentiments le soldat reparut devant le Bienheureux, celui-ci s'empressa d'aller à lui, de lui tendre les bras et de le presser sur son cœur comme eût fait une mère.

On le voit, il en coûtait parfois à Vincent de placer le devoir au-dessus du qu'en dira-t-on. Mais son courage n'en était pas ébranlé ni sa sollicitude alanguie. Placer à la tête des paroisses des prêtres capables de bien les diriger était pour lui une préoccupation portée jusqu'au scrupule.

Il remit en vigueur sur ce point le concile de Trente, en nommant une commission d'ecclésiastiques judicieux et instruits qu'il chargea d'examiner les sujets admis au concours. Lui-même présidait, et ne permettait pas qu'on eût égard aux prières, aux recommandations, vinssent-elles des plus hauts personnages.

Et il en fut de même pour n'importe quel poste ou

bénéfice. Inaccessible à la politique mondaine, inflexible aux sollicitations, il ne craignit pas de s'aliéner par cette rigidité un ami intime qui demandait une place de faveur pour son fils dépourvu de qualités requises.

Tant de sagesse et de prudence, de justice et de constance, et plus encore ses prières incessantes pour son diocèse, ne restèrent point inefficaces. Il eut la grande consolation de voir dans son clergé une régularité exemplaire, et par là même un vrai réveil de la foi, de la piété parmi les fidèles.

De ses prêtres son affectueuse sollicitude se reportait sur les jeunes aspirants au sacerdoce, trop peu nombreux à son gré. Il résolut d'agrandir ses deux Séminaires de Macerata et de Tolentino.

Ses ressources étaient loin d'être en rapport avec son projet. Mettant sa confiance en Dieu et s'imposant des sacrifices, il réalisa tout. Et même, grâce à de rudes économies personnelles qui purent parfois faire sourire ses détracteurs, il assura l'avenir de ces vastes établissements en les dotant de rentes perpétuelles.

Pour former les jeunes clercs à la piété et les instruire avec compétence, il leur donna d'excellents maîtres et un règlement qui s'inspirait encore du saint Concile de Trente. Enfin il mit à leur disposition une riche collection d'ouvrages choisis.

Il aimait à visiter souvent cette jeunesse studieuse, espoir de son diocèse, et là aisément son cœur s'épanouissait en excitant ces futurs conquérants des âmes à l'amour de Dieu et du travail.

Parfois il les réunissait à la chapelle, leur parlait des charmes de la piété, des beautés de l'angélique modestie, de la grandeur de leur vocation, et les enflammait du désir de se consacrer à Dieu.

Quand venait l'heure des ordinations, pénétré de ses responsabilités, l'évêque se recueillait et priait. Il n'admettait à la tonsure qu'après une retraite de huit jours, et se montrait plus sévère que pour les saints Ordres. Et cela, sans doute, dans la crainte qu'on ne se lançât inconsidérément dans cette voie, ou que ce premier pas ne fût fait qu'en vue de quelque avantage purement terrestre.

Il eut à cœur aussi la prospérité intellectuelle et morale des autres écoles ; et notamment, de l'Université où il allait fréquemment, encourageant tout le monde au travail et surtout à la pratique d'une vie pleine de dignité et de ferveur. Au souffle de son âme apostolique tout, là encore, reprit une vie et une ardeur nouvelles.

L'instruction des enfants du peuple ne le préoccupait pas moins, surtout au point de vue religieux. Ingénieux à faciliter ce grand bien, il introduisit la coutume de parcourir la ville, la croix en tête, en les appelant au catéchisme au son d'une petite cloche.

L'idée parut d'abord un peu étrange ; on voulut l'en détourner. Mais lui qui voyait la sublime grandeur de cet humble apostolat, brava toutes les alarmes de l'amour-propre, et se mit à porter la croix le premier.

De l'étonnement et de la critique on en vint bientôt à l'admiration. Les saints ne croient pas s'abaisser quand il s'agit du service de Dieu et des âmes ; et cet évêque paraît plus grand au milieu de ce petit peuple que lorsque son éloquence retentit dans les basiliques de Rome.

Non seulement les enfants, mais aussi la population accourait en foule à la cathédrale pour entendre ces intéressantes instructions du prélat devenu catéchiste.

En un mot, écoles et orphelinats, cloîtres et hospices,

étaient l'objet de sa constante sollicitude pastorale, et souvent de ses encouragements particuliers.

Les malades surtout, de sa ville épiscopale et même, à l'occasion, de tout son diocèse, provoquaient les plus tendres inquiétudes de sa charité. Quelle que fût leur condition, il se faisait un vrai bonheur de les visiter, de les consoler, de les confesser ; et, s'ils étaient pauvres, de leur glisser délicatement un généreux secours.

Avec tout cela son zèle infatigable trouvait encore le moyen de se prêter à la direction des âmes. On s'étonna encore à ce sujet de voir un évêque entendre les confessions, et de n'importe qui. Mais la fécondité de cet obscur ministère révéla, une fois de plus, que Dieu l'avait pour infiniment agréable.

Le Bienheureux se faisait aussi tout à tous avec une grâce et une simplicité parfaites dans les tournées de confirmations. Apprenait-il qu'un enfant malade n'avait pu venir s'unir aux autres, il se rendait auprès de lui, soit le jour soit la nuit, malgré la rigueur de la saison, la distance, la pauvreté du logis. Et après l'avoir confirmé il laissait, au besoin, une bonne aumône.

Une année, la variole fit rage parmi les enfants. Monseigneur n'en continua pas moins sa courageuse pratique. Un soir il apprend qu'un petit moribond de la campagne n'avait pas encore reçu ce sacrement. La pluie tombait à torrents. Le prêtre qui accompagnait ne trouvait aucune voiture, personne avec un pareil temps ne voulant louer ses chevaux. Alors, sans façon ni retard, le prélat part quand même, et à pied traverse des champs inondés pour arriver à la maison du malade. Et en voyant son prêtre assistant tout ruisselant d'eau, lui aussi, et couvert de boue : « Oh ! dit-il avec un aimable sourire, oh ! le vrai soldat de Jésus-Christ ! »

Après de tels faits qui ponctuaient si fortement son grand renom de sainteté, il n'est pas étonnant que sa marche à travers son diocèse donnât lieu à d'enthousiastes réceptions et aux marques les plus touchantes de vénération.

On le proclamait un autre saint François Xavier, un autre saint Charles Borromée.

Sa visite aux paroisses était faite selon les prescriptions canoniques. Autels, ornements, vases sacrés étaient regardés de près ; et une exquise convenance y était requise. Trouvait-il une église délabrée, il s'adressait aux notables de l'endroit et les engageait fortement à la réparer ou à la reconstruire ; et lui-même y allait d'une somme considérable, dût-il se gêner beaucoup.

A Notre-Dame du Mont, ayant même voulu tout prendre à sa charge dans une reconstruction de ce genre, ses ressources y furent vite englouties. Comment continuer ? On lui avait offert un bel anneau pastoral ; il le vendit immédiatement et en retira 120 écus. Il ne lui en fallait pas tant. Tout heureux de l'affaire, il dit au chanoine Gambini : « Puisque Notre-Dame nous a pourvus, prenez 120 écus pour bâtir l'église ; les autres je les garde pour mes pauvres. »

Son passage n'était pas moins réconfortant pour ses prêtres. Il tenait toujours à descendre chez eux, quelque modestes que fussent leurs demeures. Mais il voulait que le repas fût simple et frugal. Un bon curé ayant tenté, malgré tout, de l'agrémenter d'un petit extra qui ne dépassait que l'austérité épiscopale, Monseigneur fit enlever ce superflu en disant : « Jésus-Christ, dans sa vie eucharistique, est si pauvrement logé, et nous aurions, nous, une table richement servie ! »

Vainement quelques personnages lui envoyaient-ils

parfois des mets recherchés, il n'y touchait même pas et priait M. le curé d'en faire profiter les pauvres ou les malades de la paroisse.

Il n'était pas plus difficile à loger qu'à nourrir, et c'était bien en vain qu'on préparait à ses grandes fatigues un repos confortable. La première fois qu'il vint à Tolentino, l'honorable famille qui le reçut voulut s'en acquitter avec tous les égards possibles. Naturellement un lit somptueux et commode se dressait dans la chambre de Monseigneur. Dans la pièce voisine une simple couchette était préparée pour le religieux qui l'accompagnait. Et ce fut là que l'évêque voulut prendre un court sommeil. Parfois même il se bornait à dormir un peu sur une chaise, tout en dissimulant ensuite de son mieux son édifiante austérité.

Ainsi, cette généreuse abnégation, oublieuse de ses biens, de ses mérites, de son repos, donnait à son épiscopat, comme naguère à sa vie claustrale, une merveilleuse fécondité. Il ne pouvait qu'être agréable à Dieu ; et Dieu va le traiter en ami ; voici l'épreuve.

CHAPITRE XI

L'épreuve

Le Souverain Pontife Pie VII, avait donné à Napoléon d'incontestables et solennels témoignages de sa bienveillance ; jusqu'à venir le couronner empereur à Paris. Il n'eut pourtant pas la consolation de maintenir cette fugitive entente.

Le fier monarque, qui déjà paraissait tout puissant, ordonna l'occupation de Rome en février 1807. L'année suivante il déclarait par un simple décret que les provinces d'Urbain, d'Ancône et de Macerata cessaient de faire partie de l'État Pontifical, et appartenaient désormais au nouveau royaume d'Italie.

Ce territoire fut donc envahi, et un nouveau gouvernement s'y installa. Les armes pontificales furent remplacées par celles de l'Empereur, dont les représentants, par des procédés inconvenants ou comminatoires, fatiguaient la patience des évêques.

En des conjonctures si critiques la première pensée de Mgr Strambi fut de s'enquérir avec soin des ordres du Saint-Siège. Il ne voulait en rien contrevenir aux devoirs de son ministère pastoral ni léser les droits du Souverain Pontife. Dans ce but il se tenait en relation avec d'autres évêques, et allait particulièrement consulter celui de San Severino, prélat d'une sagacité parfaite et son intime ami.

La situation cependant devenant de plus en plus difficile, on se vit obligé, pour ne pas s'attirer d'injustes rigueurs, de correspondre clandestinement. De la sorte pleinement rassuré sur les intentions du Pape le Bienheureux s'efforça de concilier ses devoirs d'évêque avec la loi des convenances envers les généraux et autres officiers de l'armée française. Il y réussit avec une rare prudence.

Le vice-roi du nouveau royaume d'Italie fut si bien impressionné par la dignité sainte et l'urbanité parfaite de Mgr Strambi qu'il l'invita à sa table ; et cela avec une si aimable insistance que le prélat ne crut pas devoir refuser. Sa courtoisie toutefois n'ôtait rien à son apostolique intrépidité.

On le voit par une lettre qu'il écrivit alors au Souverain Pontife. Il y témoigne une volonté inébranlable de défendre avec énergie tous les droits de l'Église, et de suivre entièrement les directives du Saint-Siège. Et pour cela il proteste qu'il est prêt à subir la prison, l'exil, la mort. C'est comme un écho sincère des pathétiques accents de saint Athanase ou de saint Chrysostome.

Cette fermeté ne tarda pas à être mise à l'épreuve. Une fois entrés dans la voie de la violence les gouvernements, comme les particuliers, vont ensuite plus loin qu'ils n'en avaient d'abord l'intention. C'est ainsi que Napoléon ajouta bientôt aux amertumes de l'usurpation la perplexité des consciences. Il exige de tout le clergé, et principalement des évêques, un serment *illimité*, sous peine de la confiscation et de l'exil.

Le Pape par une instruction du 22 mai 1808 déclara *illicite* un pareil serment et ordonna de le refuser. Toutefois il en permit un autre qui ne portait aucune atteinte aux droits du Saint-Siège. Qu'allait-il advenir d'une opposition si catégorique entre Rome et Paris ?

Le vice-roi pour éviter un conflit, et pour éluder en même temps la défense pontificale, proposa aux évêques la formule contenue dans le Concordat de 1803. Vincent, consulté par ses collègues dans l'épiscopat, fut d'avis qu'il fallait recourir à Rome.

Le Souverain Pontife dans une nouvelle déclaration du 30 août réprouvait pour le cas présent le serment proposé : « *Petrus per Pium locutus est,* dit le Bienheureux en lisant ce document. Pierre venait encore de parler par la bouche de Pie, son successeur.

Voulant donner au Vicaire du Christ une nouvelle assurance de sa constante fidélité, Vincent lui écrivit une autre lettre pour lui protester de sa plus filiale soumission. Et l'on raconte que, lorsque le cardinal Di Pietro en donna lecture, le Saint Père en fut si touché que des larmes coulaient de ses yeux.

Tous les évêques résolurent de s'en tenir à la décision de Rome. D'iniques sanctions s'ensuivirent aussitôt. Mgr Strambi eut donc à comparaître devant l'autorité gouvernementale de Macerata, qui lui intima l'ordre de prêter le fameux serment.

Il répondit avec une impavide dignité : « Ma conscience et la voix du Pontife suprême condamnent hautement le serment qu'on exige de nous. Ni moi, ni mes collègues, nous ne commettrons la bassesse de trahir nos devoirs sacrés. Quant à moi, ajouta-t-il, je suis prêt à tout sacrifier plutôt que de contrevenir aux ordres du Vicaire de Jésus-Christ. »

Le représentant du Gouvernement fut un peu déconcerté par cette ferme déclaration. Mais il n'en continua pas moins son rôle odieux. Et maintenant, il ne lui restait plus que la violence. Ordre fut donné de confisquer tous les biens de la mense épiscopale.

Voilà donc que s'élabore le facile inventaire du pauvre et vieux mobilier que le Bienheureux avait à l'évêché.

Si maigre pourtant que fût ce butin pour les spoliateurs, après cela l'évêque n'avait plus rien. Mais il lui restait Dieu ; et son doux sourire ne cessa de témoigner que ce trésor lui suffisait : « Laissons faire, disait-il avec sérénité, ils ne pourront par nous enlever le bon Dieu. »

Faisant aussitôt appeler les fermiers des terres qui appartenaient à l'évêché, il leur communiqua les dispositions du nouveau gouvernement et les engagea à obéir pour ne pas s'attirer d'inutiles ennuis.

Quelques jours après arrivait d'Ancône le général français Lemarois, qui se plaignait à Monseigneur du refus que faisaient les curés de publier dans les églises diverses ordonnances émanant du Gouvernement.

— « Le Gouvernement, répondit le prélat, a des fonctionnaires pour la promulgation de ses décrets, et de telles affaires ne sont pas du ressort des ministres du sanctuaire. »

Et comme le général se permettait encore de revenir avec insistance sur la question du serment, l'évêque, saintement indigné, de lui dire : « Comment est-il possible qu'on veuille m'obliger à prêter un serment que ma conscience réprouve ? »

— « Je vous enverrai en exil, ajoute l'officier.

— « Me voici prêt... répliqua Vincent.

Lemarois reconnut qu'il était en face d'un évêque qui ne fléchirait jamais. Il le consigna dans la demeure épiscopale le 26 septembre, et lui intima l'ordre de partir le 28 du même mois, sous la garde d'un sous-officier. L'humble disciple de Jésus souffrant n'opposa qu'un modeste et tranquille silence qui témoignait de la grandeur d'une âme supérieure à toutes les adversités et à toutes les injustices.

Il redoutait si peu, en effet, la souffrance, l'exil et même la mort, lui qu'on entendait dire parfois : « Ah ! que c'est beau de mourir pour la foi ! »

Mais pour ses diocésains que c'était triste de le voir s'éloigner ! Dès que la décision de Lemarois fut connue, ce fut dans Macerata une consternation générale. Tout le monde voulait une dernière fois voir Monseigneur ; les visites affluaient à l'évêché.

Il y eut des scènes déchirantes. Le bon Pasteur, refoulant dans son cœur sa propre douleur, gardait la mesure dans ses paroles, la mansuétude dans tout son extérieur. Il accueillait tout le monde affectueusement et exhortait doucement à la patience, à la résignation : « C'est la volonté de Dieu, répétait-il avec un sentiment profond, c'est la volonté de Dieu. Hier je reçus la sentence ; aujourd'hui je me prépare ; demain, *cum milite custodiente,* je pars. »

Et pour calmer des indignations, peut-être un peu trop expressives mais bien légitimes, il ajoutait : « La Religion n'emploie jamais l'insurrection pour sa défense, bien au contraire elle la condamne. »

Durant ce même jour, 27 septembre, il s'occupa aussi à donner ses instructions au clergé qui allait se trouver dans une situation si difficile. Sur le soir il fit venir tous les séminaristes, les embrassa avec une tendresse toute paternelle et profita de cette courte entrevue pour leur recommander vivement la sainte oraison et la dévotion à Marie.

Dès le point du jour il avait célébré la messe avec une piété qu'attestèrent ses larmes.

La foule accourut encore à l'évêché continuant de manifester sa très grande affliction. Et Vincent était affligé, lui aussi ; mais surtout à la pensée des dangers de l'âme et du corps auxquels allait être exposé son peuple en son absence. Il ne cessait pourtant de redire de temps à autre en jetant vers le ciel un regard plein de résignation : « Telle est pourtant la volonté de Dieu ! »

Cependant l'effervescence populaire devenait menaçante. Le général craignit qu'on ne se portât à quelque extrémité pour empêcher le départ. Il fit entourer le palais épiscopal par deux mille hommes environ et braquer deux pièces d'artillerie. Le peuple intimidé par ce déploiement de la force armée, et peut-être plus encore pour obéir à son évêque, contint les explosions trop vives de sa colère.

L'heure du départ approchait. Conformément aux instructions du Pape, l'évêque avait déclaré qu'il ne sortirait de sa demeure que contraint par la force. Le préfet de la ville vint donc lui intimer, au nom du Gouvernement, l'ordre de partir.

— Partons, dit le Bienheureux, d'une voix douce et calme. Puis, élevant encore ses yeux vers le ciel, et les abaissant aussitôt en signe d'humble résignation : « Partons !... C'est la volonté de Dieu ! » répétait-il.

Et prenant son crucifix et son bréviaire, il s'en va...

— « Mais où est la voiture de l'évêché ? demande le préfet.

— « Vous savez bien que tous mes revenus allaient aux pauvres, répond le Bienheureux. Je n'ai point de carosse, moi. Marchons ; ce crucifix me suffit. »

On ne voulait pourtant pas le laisser partir à pied.

Et pendant qu'on allait chercher une voiture, il disait au Supérieur du Séminaire : « Au milieu de tant d'afflictions je suis grandement consolé par des lettres de Rome, qui m'assurent que ma conduite depuis l'invasion française est complètement approuvée par le Saint-Père. »

Car cet homme si humble et si fier à la fois aurait pu répéter à toute puissance humaine, ce qu'il avait dit un jour à un étudiant révolté, qui prétendait l'intimider par des menaces « Eh ! mon fils, vous vous trompez bien. Je ne crains personne excepté Dieu et le Pape. »

Mais voici la voiture. Au moment d'y monter il jette encore un regard de paternelle compassion sur toute cette foule gémissante qu'il bénit. Et redisant la parole de foi et de paix, « La volonté de Dieu ! la volonté de Dieu ! » il part.

Un Frère Passioniste a pris place à côté de Monseigneur ; et aussi... un gendarme.

L'évêque par prudence avait dit de ne point traverser la ville, mais de passer hors des murs. Inutile précaution : le peuple accourt partout, pleure, se lamente, le long du chemin jusque dans la campagne.

Lorsque, enfin, la voiture eut disparu à l'horizon on sa calma, mais un peu comme après des funérailles.

Rejoignons le vénérable prisonnier à qui l'adversité n'ôte rien de son recueillement en Dieu et de son amabilité pour tous. C'est un religieux dans une cellule ambulante où, aux heures réglementaires, il s'acquitte comme au couvent de ses exercices de pitié. Saint Office, silence, lecture spirituelle, oraison, prières aux saints anges à chaque nouveau départ ; rien n'est omis.

On tente même de faire un peu d'apostolat auprès

du brigadier qui, j'imagine, devait trouver le temps bien long. Le Prélat fut donc plein d'égards pour lui, le voulant à sa table, dans les restaurants ou chez ses hôtes, tâchant, par les propos les plus aimables, de s'insinuer dans ce cœur pour le porter à Dieu. Mais le soldat, qui peut-être, comprenait assez mal l'italien, et plus mal encore la piété, fut impénétrable.

En passant par Recanati le Bienheureux voulut saluer ses frères en religion. Tous accoururent sur le chemin. A tous il adressa une parole de réconfort ; car il prévoyait la prochaine tempête qui allait disperser les ordres religieux.

Un des Pères lui demanda s'il avait besoin d'argent.

— « Non, non, dit-il en souriant ; un Juif même à Macerata m'a offert avec insistance de me venir en aide ; mais je ne veux rien. Et si quelque chose venait à me manquer, *Bienheureux ceux qui souffrent pour la justice.* »

A Modène il fit une visite au cardinal Saluzzo qui, lui aussi, en même temps que le cardinal Pignatelli, avait été relégué dans cette ville par le Gouvernement.

Vincent arriva à Novare le 12 octobre, et fut installé par la police au collège des Barnabites. Il eut la faculté de sortir, mais toujours accompagné d'un religieux qui demeurait responsable du prisonnier.

Là il trouva, exilés comme lui, le cardinal Gabrielli, et Mgr Arezzo, gouverneur de Rome. Ce dernier était même son voisin de chambre au collège, ce qui donna lieu à une douce communauté d'exercices pieux et de cordiale amitié.

Néanmoins c'était surtout au saint autel que Vincent puisait chaque jour un indicible adoucissement à ses heures d'exil. Là il s'élevait plus haut que le malheur ;

et il savait en redescendant parmi ceux qui parfois gémissaient un peu fort, apaiser les colères et soutenir les courages. Chez lui pas une plainte, pas un reproche contre ses persécuteurs ; mais oublieux de ses propres ennuis il ne semblait préoccupé que d'atténuer ceux des autres.

Parmi ceux dont il tâchait ainsi de relever le courage, il faut surtout signaler ses propres diocésains. Autant que le permettait une rigoureuse surveillance, il envoyait secrètement des lettres. C'était de brûlantes exhortations à la fuite du péché, à la pratique des vertus.

« Ne pouvant par ma présence prêter secours au diocèse, écrivait-il un jour à son vicaire-général, j'ai senti mon cœur fortement incité à prier votre grande charité de pénétrer les esprits des avis suivants. »

Viennent ensuite des recommandations aux prêtres, aux curés, aux confesseurs, aux religieuses, à tous. Tout le monde est vivement exhorté à s'attacher à Jésus-Christ, *à se revêtir de lui.*

Une douleur plus poignante encore vint affecter son âme ; Pie VII venait d'être indignement arraché de sa capitale pour être, lui aussi, conduit en exil.

Vincent, qui tenait au vicaire du Christ par le plus intime de son amour et de sa foi, en parut inconsolable. Seule l'oraison, la soumission à la divine Providence le rassérénait un peu. Mais ce coup acheva d'ébranler sa santé déjà fortement atteinte par le climat de Novare et par l'angoissante perspective de violences nouvelles contre l'Église.

Son état inspira de vives inquiétudes. Pour lui, tout au saint abandon entre les mains de Dieu, il souffrait au pied de la Croix et se taisait.

Mais on veillait autour de lui. Un des premiers médecins de Milan, qui était son parent, le docteur Gaëtan Strambi, obtint du vice-roi un changement de résidence, pour être à même de lui donner personnellement des soins opportuns.

A cette nouvelle inattendue, le vénérable Prélat sentit son cœur déborder de gratitude pour Dieu et pour ceux qui avaient combiné ce changement. Mais comme en toutes les joies que l'on goûte ici-bas, il eut quelques tristesses et en provoqua d'autres en quittant ses nouveaux amis de Novare. N'empêche qu'en roulant vers Milan, Vincent disait surtout : *Deo gratias !*

CHAPITRE XII

L'exil

Le docteur Strambi voulait que son vénéré parent prît logement dans sa propre maison. Mais malgré ses vives instances, il ne put l'y faire consentir « A Milan, dit un compagnon d'exil, nous fûmes placés chez les Pères Barnabites où nous restâmes jusqu'au printemps. Lors de la suppression des ordres religieux nous passâmes au Collège de Saint-Alexandre où nous habitâmes jusqu'en septembre ; et enfin la police nous assigna comme domicile légal, la maison du marquis Litta où nous résidâmes jusqu'à la chute de l'Empereur. »

De l'opulente demeure qui allait devenir son habitation, l'humble évêque ne voulut occuper que deux petites chambres au dernier étage, sous la toiture. Tout y respirait la pauvreté monastique : une paillasse, quelques chaises communes, une petite table fort simple, quelques livres, un crucifix,

Vers minuit, il se levait, pour observer autant que possible sa Règle de Passioniste, et avec le Frère Camille qui habitait une chambre voisine il passait une heure et plus en prière. Il se donnait ensuite la discipline ; et avec tant de rigueur que les coups en retentissaient, sans qu'il s'en doutât, dans les appartements voisins.

Après s'être accordé de nouveau un peu de repos, il reprenait l'exercice d'une longue oraison pour se préparer à la sainte messe, la grande consolation de son exil.

Il se plongeait ensuite dans une action de grâces non moins fervente et attendrie qu'au monastère ou à Macerata. Et pour la prolonger encore, il consacrait la matinée à entendre plusieurs messes dans une église voisine.

Le dimanche il assistait aux offices publics, et ne manquait pas, non plus, de se trouver toujours à la messe célébrée dans la chapelle domestique du palais Litta qu'il habitait.

Son frugal repas ne se composait que d'un mets et des plus simples. On y lisait l'histoire de l'Église ou la vie d'un saint, de saint Jean Chrysostome surtout, cet intrépide athlète de la foi. Unissant lui aussi, comme ces glorieux devanciers, la grandeur à la modestie, il continuait à supporter les ennuis de sa pénible situation sans jamais proférer la moindre parole contre le fier empereur qui causait une telle perturbation dans l'Église.

« Telle était sa circonspection, dit un témoin, que même contre celui à qui Dieu, dans la rigueur de sa justice, avait donné le souverain pouvoir pour notre châtiment, il ne laissa jamais sortir de sa bouche la moindre invective.

» Quant à moi, continue naïvement le narrateur, qui n'est autre apparemment que le bon Frère Camille, quant à moi, certes, qui n'ai aucune vertu, lorsque j'apprenais quelque nouvelle violence faite au Vicaire du Christ, ou aux autres ecclésiastiques, ou à l'Église en général, je ne savais me contenir, et je m'échappais en de fortes expressions. L'homme de Dieu avec sa bonté coutumière me reprenait et me faisait faire ces justes considérations que suggèrent la foi et la piété. Mais un jour que la leçon me parut un peu forcée je répondis en riant : « A quoi bon tout cela, Monseigneur ? Tout le monde sait ici que votre Grandeur pense comme moi sur ce point. Et autant moi je murmure en paroles autant elle murmure par son silence. Et je le prouve. J'ai toujours entendu votre Grandeur parler en bien de tout le monde, et jamais en mal, si ce n'est du diable. Mais quoiqu'elle ne dise point de mal du fameux empereur, elle n'en dit pas non plus du bien, alors qu'elle trouve toujours à dire quelque bien de n'importe quel scélérat. Donc nous murmurons tous les deux également. »

» Le saint homme, ajoute son interlocuteur, fit un petit sourire, et adroitement attira la conversation sur un meilleur sujet. »

Vainement le Bienheureux cachait sa vie dans son modeste réduit. Bientôt dans tout Milan se répandit la renommée de celui qu'on appelait *un homme de Dieu, un saint.*

Les ennemis de l'Église eux-mêmes rendaient hommage à sa vertu.

Dès lors sa petite mansarde devint un lieu de si puissante attraction que de tous les points de la cité, on y venait, de jour, et même de nuit. De hauts personnages, des prêtres, des prélats s'estimaient heureux d'entretenir cet homme, si docte et si bon, de ce qui les préoccupait ou les affligeait.

D'ailleurs Mgr Strambi savait rendre si attrayante l'édification qu'il donnait à tous que lorsqu'il allait visiter quelque église ou voir quelque malade on se disputait, pour ainsi dire, l'honneur de l'accompagner, de causer avec lui, de voir de près ses exemples.

Un jour éclate dans la ville une furieuse révolte. Le peuple outré de colère se porte vers la maison du directeur des finances Prina, pénètre chez l'infortuné fonctionnaire, le jette par la fenêtre et le traîne à travers les rues, et finalement cause sa mort. Le soulèvement prenait un aspect de plus en plus général et menaçant. On craignit les pires conséquences si ce torrent déjà dévastateur n'était arrêté au plus tôt. Dans cette extrémité l'autorité diocésaine de Milan s'adressa à Mgr Strambi pour qu'il fît entendre à cette population surexcitée des paroles de modération et de sagesse chrétiennes.

Le Bienheureux n'eut pas à agir ; la force armée ayant maîtrisé la révolte. Mais le seul fait de l'avoir choisi pour ce rôle pacificateur, plutôt que tant d'autres ecclésiastiques, et même d'éminents prélats alors présents dans cette métropole, dit assez en quelle estime et vénération il était auprès des plus grands comme auprès des plus humbles.

Aussi lorsque le Gouvernement, prenant ombrage des attentions que la population milanaise témoignait aux évêques exilés, les transféra à Mantoue, le vice-roi dut céder aux réclamations énergiques qui s'élevèrent en faveur de Vincent. On fit donc exception pour lui ; et c'est à Milan qu'il resta jusqu'à la fin des mauvais jours.

Mais en attendant, cédant aux ardeurs de son zèle et aux invitations que lui fait Mgr le Vicaire Capitulaire de l'Archevêché, il redevient apôtre et missionnaire.

Par prudence toutefois il ne voulut point déployer le grand apparat qui est d'usage dans les missions.

Ils se contenta d'exercices moins bruyants et mieux adaptés à sa situation délicate.

Ainsi les jours de fête, il allait dans quelque église de campagne et prêchait volontiers devant les auditoires les plus humbles. Rentré le soir au palais des Litta, il adressait à toute la famille réunie une instruction si pleine d'onction qu'on en demeurait touché jusqu'aux larmes.

Toujours, d'ailleurs, qu'il visitât quelque monastère ou qu'il bénît quelque mariage ; qu'il consacrât un autel ou qu'il donnât la confirmation, ses discours avaient une grâce toute spéciale qui réveillait la foi, renouvelait la ferveur, remuait l'âme.

« Il me semble voir encore le Serviteur de Dieu, atteste le cardinal Orioli. Son visage était alors tout enflammé et rayonnait je ne sais quoi d'extraordinaire qui excitait à la fois la vénération et l'admiration. En vérité, on eût dit qu'un ange parlait ou lui suggérait les pensées. Je ne fus pas le seul à faire cette réflexion. Je me rappelle qu'après une cérémonie à laquelle j'assistai, l'excellent marquis Litta, les yeux encore baignés de larmes, s'approcha et me dit : « Et nous, que disons-nous de Mgr Strambi ? Voyez s'il n'est pas réellement un saint, et si nous ne devons point nous humilier ! »

Le Bienheureux eut-il réellement la même faveur d'être inspiré par un ange comme était près de le croire Mgr Orioli ? Ce qui est sûr, c'est le fait suivant.

Un Père Lazariste demandait un jour à Vincent comment il avait pu écrire dans la vie de saint Paul de la Croix qu'on avait entendu les anges suggérer à ce grand missionnaire, pendant son sermon, ce qu'il redisait ensuite au peuple

Et sans penser plus loin que la vérité qu'il voulait défendre, le vénéré prélat répliqua vivement les mains jointes sur la poitrine : « Moi, moi, je l'ai entendu, de mes propres oreilles. »

Ce cœur si pur était bien digne, en effet, d'entendre lui aussi, les voix angéliques.

A Milan il eut encore de spéciales sollicitudes pour la jeunesse, l'espoir de la Religion comme de la Patrie. Il ne se borna pas à consacrer beaucoup de temps à cet apostolat ; il publia un *Règlement de vie pour jeune homme et jeune fille.* Ce petit livre fit tant de bien et eut un tel succès qu'un grand nombre d'éditions furent nécessaires.

Parmi ces jeunes il va sans dire que sa prédilection allait à ceux qui se destinaient au sacerdoce. Les clercs, les jeunes prêtres, les curés même le priaient d'être leur guide dans l'étude et l'apostolat. Et lui, toujours aimable, les écoutait, examinait leurs écrits, les corrigeait, leur donnait des plans ; enseignait la manière de rendre intéressante l'explication de l'Évangile ou du catéchisme. « Soyez simples dans votre langage, disait-il, soyez populaires, émouvants. Visez plutôt au profit des âmes qu'à la pratique affectée de la rhétorique. »

Il sanctifia ainsi son exil et le rendit fécond. Un témoin de sa vie d'exil pouvait la résumer en ces termes : « Sa charité, a-t-il déposé, n'avait point de limites, n'admettait aucune exception. Il était tout à tous. Je suis convaincu que nul ne l'approcha sans se retirer meilleur. »

Le trait suivant confirme cette appréciation. Un jour le bon prélat était allé visiter une pauvresse qui depuis de longues années gisait sur un lit de douleur.

Après lui avoir adressé quelques paroles de réconfort, il se mit à genoux et récita les litanies de la Sainte Vierge. Quelle ferveur ! On eût dit que toute son âme compatissante s'exhalait vers la consolatrice des affligés. Celui qui l'avait accompagné fut tellement pénétré, remué par ce je ne sais quoi de céleste qui illuminait les traits du vénérable évêque, que tout en répondant aux invocations il perdit toute notion de ce qu'il disait et d'où il était, et se sentait déjà comme dans le ciel.

Les pauvres, là comme partout, étaient les protégés de cet exilé à qui la charité faisait trouver d'énormes ressources pour eux. Ses moyens personnels étaient vite épuisés. Mais la noblesse milanaise tint à honneur de lui offrir des sommes considérables qu'il distribuait ensuite largement aux nécessiteux. Il sut aussi avec une exquise délicatesse procurer, en temps opportun, des secours pécuniers à des ecclésiastiques internés dans l'île de Corse et même à d'autres évêques déportés qui se trouvaient dans la gêne.

Néanmoins comme il arrive toujours il ne put contenter tout le monde. Mais il y trouva une occasion d'exercer une charité encore plus sublime. Un jour un de ses diocésains vint lui demander un secours pécuniaire. Vincent, touché de sa réelle infortune, lui présente 25 écus, somme considérable eu égard aux circonstances et à l'époque. Mais le Maceratais, furieux de n'obtenir que cela, lance à terre les écus, et d'incroyables injures à la face de son bienfaiteur. Et celui-ci, non seulement souffrit tout avec patience, mais poussa la mansuétude jusqu'à prier aimablement l'insolent solliciteur de vouloir bien se contenter de cette somme, la seule disponible pour l'instant. Peine perdue ;

les outrages pleuvaient de plus belle. Alors l'évêque se tut. Mais il fit en sorte que cet homme, quoique toujours grossièrement ingrat, emportât l'aumône refusée avec tant de mépris.

Un témoin de cette scène allait réprimer cette insupportable effronterie ; le bon prélat l'arrêta en disant : « Que voulez-vous y faire ? C'est le besoin qui fait parler ainsi. Et puis il ne connaît pas exactement mes moyens. »

Tout cela ne faisait pas oublier au Bienheureux les âmes dont il restait toujours le légitime Pasteur. « Cet exil m'est assez doux, disait-il souvent ; il ne me donne qu'une peine, c'est de me voir éloigné de mon diocèse et de ne pouvoir secourir les besoins spirituels et temporels de mon troupeau. »

Ces secours il les procurait néanmoins dans une certaine mesure par une correspondance détaillée et précise avec son vicaire général. Souvent dans ses lettres sa plume alerte faisait feu, et l'éclair qui jaillissait révélait, une fois de plus, son grand amour pour Dieu et sa tendre sollicitude pour tous.

« *Béni soit Dieu*, écrivait-il un jour, *béni soit Dieu qui nous console en toute tribulation.* Je suis content de la volonté de Dieu. C'est avec bonheur que je lis les Prophètes et spécialement Jérémie. J'y trouve beaucoup pour moi et pour mon peuple : *Le Seigneur est bon pour ceux qui espèrent en lui... pour l'âme qui le cherche...* Je recommande à votre charité, à celle de tous les curés, *de garder les veilles sur le troupeau du Seigneur.* Engagez-les toujours à se tenir en communication intime avec Dieu ; et au fond du cœur ils entendront ces paroles : *je suis avec toi, ô le plus vaillant des hommes.* S'ils ont Dieu dans le cœur et sur les lèvres ils entraîneront les âmes dans le bien. Ils seront très chers à Dieu, et ils ne déplairont pas aux hommes. »

Ses séminaires le préoccupaient beaucoup. Celui de Tolentino venant d'être fermé, il donne des instructions à son vicaire-général pour que les aspirants aux saints ordres suivent exactement les cours de Macerata. « Si quelque sujet pour cause de pauvreté, disait-il ensuite, ne peut suffire à toute la dépense, votre bon cœur, votre charité y suppléera secrètement ; et puis, je vous en dédommagerai. Je sais par expérience, en effet, combien grande est la libéralité de Dieu à nous pourvoir. »

Il ne se lassait pas de recommander l'exacte discipline, l'oraison, l'étude. Et pour en grandir la facilité il ne cessait d'envoyer à la bibliothèque d'excellents ouvrages qu'il achetait ou qu'on lui offrait.

Des pauvres qui ne pouvaient venir à lui il se considérait aussi toujours comme le trésorier et le débiteur. Pour eux il envoyait à Macerata non seulement des aumônes de la noblesse de Milan, mais encore toute la pension que lui assignait le Gouvernement pour son entretien personnel. Qu'en des temps aussi calamiteux cet évêque exilé ait pu distribuer si libéralement des secours aux indigents, et qu'il ait pu encore constituer des rentes pour perpétuer ses bienfaits, voilà ce qui tient du prodige et qui ne s'explique que par l'ascendant extraordinaire d'une sainteté à laquelle les âmes fortunées donnaient comme à Dieu même.

Tant d'œuvres de miséricorde ne pouvaient que hâter l'heure de la justice de Dieu. Cette heure allait sonner.

CHAPITRE XIII

Le retour

NAPOLÉON avait écrit de Dresde à son vice-roi d'Italie, le 22 juillet 1807 : « Que peut faire Pie VII en me dénonçant à la chrétienté ? Mettre mon trône en interdit, m'excommunier ? Pense-t-il alors que les armes tomberont des mains de mes soldats ? »

Sous les neiges glacées de Russie ces armes si longtemps victorieuses tombèrent en effet ; et la retraite douloureuse de 1812 se poursuivit jusqu'à Paris — jusqu'à Fontainebleau. Là, dans ce même château ou Pie VII venait d'être prisonnier, Napoléon arriva pour abdiquer.

Dieu n'abdique jamais. Une fois de plus il venait de le montrer. Le Pape retourna à Rome ; et chaque évêque, à son diocèse.

Mgr Strambi fixa son départ de Milan au 4 mai 1814. Dès que la nouvelle s'en répandit dans la ville la joie de bien des cœurs fut tempérée par le regret de perdre un saint.

De toutes les classes de la société on accourut au palais Litta, pour donner à l'homme de Dieu les plus touchants témoignages d'attachement et de vénération. De nobles Milanais lui firent de riches cadeaux ; la marquise de Litta lui offrit un anneau pastoral de grand prix.

Malgré les recommandations expresses de l'humble prélat son retour fut triomphal. Les notabilités, les évêques, les cardinaux tenaient à honneur de lui offrir l'hospitalité. Il n'en était ni moins calme ni moins modeste. Absorbé dans la prière, il gardait le silence, écoutant la voix de Dieu dans son âme.

Il aimait aussi à écouter la voix de la belle nature. Si les vitres secouées par le mouvement de la voiture, faisaient trop de bruit, il les assujettissait, pour mieux entendre les oiseaux dont le naïf gazouillis l'excitait à louer le Créateur. « Entendez-vous, disait-il à ses compagnons, comme ils chantent les louanges de Dieu, l'entendez-vous ? »

A l'oraison succédait la lecture de l'Imitation de Jésus-Christ ; ou bien c'était quelque agréable et toujours édifiante causerie avec les deux religieux qui l'accompagnaient.

Un matin on rencontra, assis sur la route, un pauvre estropié qui excita sa compassion. Le charitable évêque pria le voiturier de laisser monter ce malheureux dans la voiture. Puis, tout joyeux : « Maintenant, dit-il, allez sans crainte, il n'y a plus danger de verser, car nous portons Jésus-Christ avec nous ».

Avant d'arriver à Parme un carosse où était le Cardinal Litta passa tout près de nos voyageurs. Vincent n'avait rien remarqué ; mais Son Éminence l'ayant reconnu fit aussitôt arrêter son attelage et descendre son secrétaire pour l'engager à prendre place dans la même voiture. L'humilité du Bienheureux ne put décliner cette invitation ; et durant un long espace de chemin, qui dut paraître court, ces deux prélats qu'unissait une vieille amitié purent s'entretenir des grands événements du jour, du Pape surtout.

Le Pape, l'heureux évêque allait le rencontrer, à Ancône où Pie VII l'avait à peine précédé de quelques heures. A peine arrivé, il se hâta de venir présenter ses hommages au Souverain Pontife qui l'accueillit avec une singulière bienveillance. Il fut retenu plus d'une demi-heure dans un entretien intime, où l'un et l'autre trouvaient une douce consolation après les péripéties de l'exil.

Pendant ce temps se présenta le cardinal Caracciolo pour avoir une audience. Apprenant que Mgr Strambi était là, il se retira de suite, disant : « Laissons seuls ces deux saints. »

Le lendemain on partit pour Lorette. A Osimo, le Cardinal Castiglioni, qui fut plus tard Pape sous le nom de Pie VIII, voulut avoir le Bienheureux à sa table. Lorsque Vincent descendit, le soir même, à l'évêché de Lorette, se sentant épuisé par un voyage si long et si précipité, il désira reposer quelques instants avant l'heure du repas. Sur ce arriva le cardinal di Pietro. son ami et grand admirateur. Impatient de le revoir, il courut à sa chambre, mais ne lui permit pas de se lever, Et sans façon, prenant une chaise à côté du lit, il s'entretint longtemps avec celui dont les paroles étaient toujours une faveur du ciel.

Cependant on approchait de Macerata. Déjà à Recanati une députation nombreuse attendait ; elle se fit l'interprète de la commune allégresse auprès de Monseigneur. Comment modérer les élans d'une population que transporte le bonheur de revoir son bien-aimé Père ? Ordonnances et protestations furent vaines ce jour-là. L'humble évêque est contraint de monter dans un carosse à quatre chevaux et de faire ainsi son entrée dans son diocèse.

Impossible de traduire les transports de ce peuple ardent qui acclame son pasteur revenant d'exil après plus de cinq ans d'absence. C'est un vrai triomphe. Le prélat, profondément ému, verse des larmes, bénit la foule qui se presse sur son passage.

Le soir, toute la ville fut en fête ; illumination, feux d'artifice, rien n'y manqua. Et ce n'était pas fini.

Le lendemain, à peine le Bienheureux paraît-il dans la rue que de nouveau on s'assemble, on s'enthousiasme autour de lui. Et d'un moment à l'autre ce mouvement s'accrut à tel point que Vincent se déroba comme il put à ces ovations, qui, pour être très affectueuses, n'en offraient pas moins quelque péril.

Deux jours après, nouvelle joie et nouveau triomphe : le Pape arrivait à Macerata en se rendant à Rome. L'évêque le reçut à la porte de sa cathédrale. Le Saint-Père en le voyant prosterné à ses pieds parut très ému. Il s'arrêta peu dans cette ville ; mais c'en fut assez pour témoigner durant ces courts instants sa souveraine affection pour Vincent.

Au reste, Tolentino était aussi sur son passage. Monseigneur, partant de nuit, se hâta de l'y devancer. La réception ne fut pas moins touchante qu'à Macerata. Le Souverain Pontife put même s'entretenir plus longuement seul à seul avec le vénérable prélat, trouvant je ne sais quel charme dans sa conversation.

Après le départ de Pie VII, Mgr Strambi resta quelques jours à Tolentino. Le jour de l'Ascension il officia pontificalement ; et dans une magnifique homélie il parla des prodiges de la Providence dans le gouvernement du monde. S'inspirant de saint Jean Chrysostome, qui, lui aussi, connut l'exil et le triomphe du retour, il eut des accents qui vibraient à l'unisson avec la piété frémissante de son vaste auditoire.

Son discours à Macerata, le jour de la Pentecôte, fut encore peut-être plus émouvant. « Dès l'exorde, dit un témoin, ce fut tellement pathétique que s'il avait continué de la sorte les sanglots des assistants eussent étouffé sa voix. »

Soucieux de compenser, en quelque sorte, ce long silence forcé des dernières années il prêchait souvent, et même, nous dit-on, jusqu'à cinq fois en un seul jour. Mais voici que son zèle est appelé sur un champ plus vaste encore.

Le 24 mai 1814 le Pape était rentré dans sa capitale et avait repris possession des États qu'on lui avait injustement ravis. Quel jour et quel triomphe ce fut dans la ville Éternelle ! De là ce bel office de N.-D. Auxiliatrice, institué pour en perpétuer le souvenir reconnaissant.

Avec le Souverain Pontife revenaient à Rome tous les ecclésiastiques qu'avait dispersés la persécution. Lorsque le Saint-Père vit réunis autour de son trône ces vénérables exilés, Cardinaux et Prélats, il eut la pensée de faire prêcher les exercices spirituels à tout le clergé afin de pacifier profondément toutes ces âmes consacrées, tout en leur donnant une ardeur nouvelle pour le salut du monde. Le prédicateur qu'il choisit pour un aussi important ministère ce fut Mgr Strambi.

Ce choix plut infiniment au Sacré-Collège et à tout le clergé. Par ordre du Pape, on écrivit à Macerata ; et l'obéissant Prélat prit aussitôt le chemin de Rome. Là, sans apparat, toujours simple et modeste, il se retira dans un couvent près de l'Église-Neuve où il devait parler.

Son éminent auditoire ne fut pas déçu. Les cardinaux dirent même qu'en lui la sagesse et le don de la parole étaient au-dessus de ce que publiait la renommée. Il leur semblait, ajoutaient-ils, entendre saint Jean Chrysostome.

Sa délicate mission remplie de la sorte, à la satisfaction de tous, le Bienheureux alla prendre congé du Pape et se hâta de rentrer dans son diocèse. Car il voulait y réparer au plus tôt ce que les jours mauvais avaient eu de pernicieux pour les âmes. Mais auparavant de nouvelles angoisses l'y attendaient.

CHAPITRE XIV

Nouvelles angoisses

LE 26 février 1815 Napoléon quittait l'île d'Elbe. Débarqué à Cannes le 1er mars, il marche sur Paris. On envoie des troupes contre lui ; il les gagne à sa cause. Le voilà déjà dans sa capitale et déclarant au monde que l'empire abattu s'est relevé.

Cette nouvelle fit aussi relever la tête aux ennemis du Saint-Siège en Italie. Joachim Murat, roi de Naples, enhardi par le triomphal succès de l'Empereur, son beau-frère, déclare la guerre à l'Autriche sans même attendre le signal de Paris.

Il demande au Saint-Siège le passage pour dix mille hommes. L'autorisation est refusée ; et les troupes napolitaines envahissent les États Pontificaux. Le Pape alors se décide à quitter Rome. Mais en partant pour Gênes, il dit à l'ambassadeur du roi de France : « Ne craignez rien, ce n'est là qu'un orage de trois mois. » Et il en fut ainsi.

Cependant comme la situation de l'évêque de Macerata est redevenue critique et délicate ! Voilà déjà le roi Murat qui fait son entrée dans la ville. Vincent ne va point lui faire une visite pour n'avoir pas l'air de reconnaître l'usurpation des droits du Saint-Siège. Il lui envoie cependant son vicaire-général ne voulant pas indisposer inutilement l'usurpateur à l'égard de la population.

On ne laissait pas que de craindre de la part d'un pouvoir déchu qui se relevait. On attendait avec anxiété l'issue de la bataille que le roi allait soutenir contre les Autrichiens. Ceux-ci approchaient. Un jour enfin Murat sort à la tête de ses troupes ; c'est l'heure décisive. Bianchi, général de l'armée adverse était venu, en effet, offrir le combat.

L'affreuse mêlée commença. Le bon pasteur, retiré dans sa chapelle, conjurait le Dieu de paix de sauver son troupeau. Tout à coup il se lève, le visage enflammé, il sort et annonce avec assurance que la victoire est aux défenseurs du Saint-Siège. Et ce fut vrai.

Mais l'armée napolitaine vaincue semblait vouloir rentrer dans Macerata ; et tous craignaient que la ville ne fût livrée au pillage. Apprenant ce nouveau péril, le Bienheureux va se prosterner encore devant le T. S. Sacrement ; et, après une courte prière il revient, le visage rayonnant, et dit plusieurs fois ces paroles : « Dieu est avec nous. »

Puis pour rassurer les habitants il sort aussitôt dans les rues de la ville répétant à tous, d'un ton ferme : « Vous n'avez rien à craindre ; confiance en Dieu et en la sainte Vierge Marie. Non, vous n'avez rien à craindre. »

Et cette seconde affirmation fut encore prophétique. Les Napolitains refoulés ne purent rentrer dans Macerata.

Ce ne fut pas assez pour Monseigneur de relever le moral de son peuple par ses paroles et sa prière. Il se mit aussi à agir avec autant d'opportunité que de sagesse. Rentré à l'évêché, il se revêtit de ses insignes épiscopaux, et se rendit au camp des Autrichiens pour une entrevue avec le général Bianchi. Et voici quel était l'objet de sa démarche : obtenir qu'on laissât les

Napolitains évacuer pacifiquement Macerata et les autres lieux qu'ils occupaient. Tels furent les accents de sa charité, telle fut la peinture qu'il fit des maux qu'aurait à souffrir son diocèse par la poursuite implacable des vaincus que le Général accéda à ses désirs. Tout le monde se félicita de cette heureuse intervention.

Le 9 mai, les Autrichiens entraient déjà dans la ville sans incident. L'évêque, accompagné de quelques ecclésiastiques, se rendit à la résidence du Général pour lui faire une visite. Bianchi était alors à table avec son État-Major. Mais dès qu'il fut averti il se leva, et suivi des autres officiers vint à la rencontre de Mgr Strambi. Il l'accueillit avec de grandes démonstrations de respect, et s'entretint longtemps avec lui ; car il trouvait dans cette conversation avec ce paisible serviteur de Dieu un réel soulagement après les agitations des derniers combats.

Il lui dit, entre autres choses, qu'il attribuait cette victoire aux prières du Saint-Père et du bon évêque de Macerata.

Quand le Prélat se retira, il voulut l'accompagner et ordonna qu'à son passage on présentât les armes. Depuis lors il ne cessait de dire que Mgr Strambi était un saint.

Le même jour les principaux chefs de l'armée rendirent la visite. Et en sortant de ce nouvel entretien qui les avait charmés ils redisaient encore : « Oh ! quel bon évêque !... quel bon évêque !... »

Cette bonté allait avoir mieux à faire encore après les collisions sanglantes qui venaient d'avoir lieu. Vincent le savait bien. Aussi sans s'attarder plus que de droit dans une brillante société où il était si sympathique, il se hâta d'aller aux blessés, aux moribonds, à tous les malheureux dont les gémissements répondaient sourdement aux fanfares joyeuses de la victoire.

Le compatissant évêque se rend donc souvent à l'hôpital. Il en fait même ouvrir un autre, s'informe de tout, fait distribuer des remèdes ; envoie des prêtres zélés au chevet des pauvres patients. Lui-même, comme un père, vient, revient, ne se lasse pas de prodiguer de son mieux soulagements du corps et consolations de l'âme.

Mais voici d'autres calamités, peut-être plus redoutables que la guerre, et presque toujours amenées par elle : l'épidémie et la disette de 1816 et 1817 qui firent de si grands ravages dans quelques régions, et principalement dans celle dont nous parlons.

La courageuse charité du Bienheureux s'arme de foi, de confiance et ne défaille pas. On le voit, nouveau Charles Borromée, au milieu d'innombrables pestiférés, calme et actif, simple et parfois sublime, allant à l'hôpital ou dans les maisons particulières, ranimant l'espérance, soulageant la misère, assistant dans l'agonie et parfois administrant lui-même les sacrements.

Le fléau multipliait ses atteintes. Sur les chemins de toutes les parties du diocèse, on voyait languir des infortunés, exténués par la faim, consumés par la maladie. La charité du Bienheureux fait des prodiges. Il trouve des refuges, des lits, des secours. Il faudrait un autre hôpital. Vincent le trouve, et y installe le surcroît de tous ces malheureux.

Quant à lui, vrai pasteur, toujours prêt à tous les sacrifices pour sauver son troupeau, il redoublait de veilles, de prières auprès de Dieu, et continuait à se donner tout à tous, non seulement dans sa ville épiscopale, mais partout où il avait la possibilité de se trouver.

« Il ne refusait jamais, dépose un témoin du Procès, d'aller partout où il était appelé. Un jour, je revenais, moi-même, avec lui d'Appignano, sur les confins du territoire de Macerata, lorsqu'il fut prié d'assister une pauvre vieille qui agonisait. C'était déjà l'*Angelus* du soir. Il n'en resta pas moins trois heures auprès d'elle. bien avant dans la nuit, jusqu'à l'arrivée du curé. Il ne faisait aucun cas ni de la peine qu'il se donnait ni du danger qu'il courait. »

« Un évêque, disait-il, se doit tout entier à son troupeau. » On le vit toujours conséquent avec cette maxime ; donnant sans compter et se donnant sans mesure. Après avoir distribué le peu qu'il possédait, mobilier, vestiaire et le reste, il prenait sa plume ; et, laissant encore parler son cœur, il écrivait d'éloquents appels aux riches familles de Milan. D'abondants secours arrivaient ainsi de nouveau.

Ses sermons de charité n'avaient pas un moindre succès. Un soir, dans l'église des Oratoriens, il parla avec tant de chaleur et d'énergie, il trouva les accents d'une si remuante compassion que tous ses auditeurs, clergé, officiers, notables vinrent souscrire à la sacristie pour plusieurs milliers d'écus. Et lui-même, en tête de la liste, avait encore trouvé moyen de s'inscrire pour une somme considérable.

Avec quelle joie il distribuait ensuite ces secours qu'il savait toujours accompagner de paroles affables et réconfortantes ! Il n'oubliait pas les malheureux que l'éloignement ou l'impuissance empêchait d'aller à lui. Certains souvent n'avaient à manger que des glands, ou pire encore, pour tromper leur faim. Par ses soins de fortes sommes d'argent arrivaient aux curés de ces régions désolées.

Au reste son activité personnelle et l'héroïsme de son dévouement créa ou excita une sainte émulation dans son clergé, et parmi les simples fidèles. Ainsi l'épreuve eut ses avantages, et fut le début amer d'un renouveau chrétien.

CHAPITRE XV

Le renouveau

La tourmente révolutionnaire avait aussi accumulé des ruines morales. Quel triste spectacle s'offrit aux yeux de Mgr Strambi à son retour d'exil ! Beaucoup d'églises étaient fermées ou profanées. Le clergé avait été décimé par la mort, désorganisé par la dispersion. Les couvents étaient déserts ou habités par des séculiers.

Sans perdre courage le vaillant évêque se met à l'œuvre. Parfois ce fut bien rude ; car de sourdes oppositions subsistaient. L'impiété était vaincue, mais non détruite. Elle cherchait par des manœuvres secrètes à se maintenir et même à reprendre le dessus.

L'un des opposants les plus violents à la restauration religieuse avait même juré de donner la mort à l'évêque. Il fit donc semblant d'être malade, se mit au lit et envoya dire à Monseigneur que, repentant de ses crimes, il voulait se réconcilier avec Dieu. En conséquence il priait Sa Grandeur de daigner se rendre auprès de lui. Le bon prélat part aussitôt. Il était déjà dans la rue lorsqu'un second envoyé se présente et dit : « Inutile, Monseigneur, ce malade est mort, frappé comme par la foudre. »

L'irréligion n'était pas seule en cause ; l'intérêt se mettait de la partie. Plusieurs s'étant enrichis avec des biens d'Église, redoutaient un juste retour des choses et suscitaient de fortes oppositions.

Vincent n'eut recours qu'à la douceur, à la persuasion ; mais avec son infatigable activité il triompha de toutes les résistances. En peu de temps son diocèse fut transformé.

Pour ranimer d'abord la foi et la piété languissantes il fit prêcher deux missions ; l'une à Macerata, l'autre à Tolentino. Le Souverain Pontife ayant déjà rétabli les Passionistes, c'est à eux que cet apostolat fut confié. Monseigneur, du reste, voulut participer à leurs travaux comme un simple missionnaire. Le but désiré fut atteint ; la vie chrétienne refleurit comme aux plus beaux jours.

La première des sollicitudes de l'évêque allait pourtant à son clergé. Au retour de Milan il trouva son évêché dans un tel délabrement qu'il aurait fallu pour le mettre en bon état une dépense de trois ou quatre mille écus. Comme on l'engageait à le restaurer : « Vous ne savez donc pas, dit-il, que j'ai trois ou quatre mille pauvres dans le diocèse ? »

Et, ayant obtenu du Souverain Pontife l'autorisation d'habiter le Séminaire, c'est là qu'il établit sa résidence. Combien fut modeste et sommaire cette installation, un témoin nous l'a raconté. « Il n'occupait, dit-il, que deux chambres, très petites, comme celles des séminaristes. Dans l'une était un petit lit, une petite table avec deux chaises, trois tout au plus. Comme c'était là qu'il recevait habituellement, une toile vulgaire, tant bien que mal, dissimulait son lit. Dans l'autre pièce il avait quantité de livres simplement posés sur des planches, et quelques chaises. Il menait la vie commune du Séminaire ; et cela dura jusqu'à l'époque où sa démission fut acceptée ».

L'édification qui en résulta pour l'établissement fut sensible ; en peu de temps on eut des vocations nombreuses et d'excellents sujets.

Bientôt aussi, au souffle de cette parole épiscopale, le clergé séculier et régulier se montrait plus que jamais soucieux de vie régulière et fervente.

Le Bienheureux ne prit pas un moindre empressement à maintenir les religieuses dispersées dans l'esprit de leur saint état, par des exhortations hebdomadaires, et aussi en leur procurant au plus tôt les immeubles nécessaires à leur vie claustrale.

Les Lazaristes, qu'il aima toujours beaucoup, furent les premiers rétablis grâce aux instances qu'il fit à Rome auprès de Pie VII.

Plus grandes furent les difficultés pour la réintégration des Capucins dans leur ancien couvent passé à des mains étrangères. Le nouveau possesseur, ayant acheté, faisait valoir ses droits avec une inflexible opiniâtreté. Vincent est résolu à ne pas céder. Il commence par offrir aux expulsés d'hier son propre évêché comme logement provisoire ; et après de laborieuses négociations il finit par obtenir du Pape une forte somme pour le rachat de la maison qui fut aussitôt rendue à sa destination première.

Par tout son diocèse ce zèle restaurateur se manifesta ; et pour toutes les œuvres compromises par les derniers bouleversements politiques. Sa nouvelle apparition, dans ses tournées pastorales, au milieu des populations rurales, donna lieu encore à bien de triomphales manifestations. On était si heureux et si ému de revoir cet évêque si bon, si condescendant et si fort que nulle violence n'avait apeuré, mais que les années et les angoisses avaient déjà vieilli !

Quant à lui, sans égard pour l'affaiblissement de ses forces et le déclin de l'âge, il va redevenir missionnaire pour répondre à l'appel des évêques voisins. Muni de l'autorisation du souverain Pontife, le voilà prêchant avec son habituel succès en diverses villes importantes. L'énumération de ces villes ne nous dirait rien sinon l'étonnante activité de cet homme de Dieu.

Mentionnons seulement en passant la mission de Sinigaglia. Elle fut prêchée de concert avec Mgr Odescalchi, qui n'était alors que simple prélat ; mais qui, devenu Cardinal, déposa la pourpre pour entrer dans la Compagnie de Jésus. Il était le digne compagnon de Mgr Strambi. Celui-ci en était tellement persuadé qu'il voulut lui donner la direction des exercices ; et il prenait au sérieux cette présidence comme en témoigne le fait suivant.

Pendant la mission de Pérouse il fut prié de donner la bénédiction nuptiale aux nobles époux Comte et Comtesse Oddi. La cérémonie terminée, on envoya à Monseigneur un joli cadeau. Cas de conscience délicat pour l'humble prélat ; celui qu'il voulait regarder comme son supérieur pendant la mission, Mgr Odescalchi, avait interdit aux missionnaires d'accepter quoi que ce fût de la part des fidèles. D'autre part ceci était donné sans aucun rapport à la mission ; et il ne fallait pas, non plus, faire l'affront aux mariés de refuser ce qu'ils offraient tout simplement. Qu'en pense Mgr le Supérieur ? On va le lui demander. Il n'est pas chez lui. On y laisse le présent avec cette condition qui concilie tout. C'est lui qui tranchera... le gâteau. Le monde verrait là de l'étroitesse d'esprit. Mgr Odescalchi y admira au contraire l'éminente sagesse que Dieu révèle aux humbles, et il rappela ce trait dans sa déposition aux Procès.

Parmi ceux qui à Sinigaglia furent saintement impressionnés par le vénérable évêque de Macerata, il y avait un jeune tonsuré, fils de grande famille et de bel avenir. Il se dévouait avec beaucoup de zèle et de talent durant cette mission en expliquant le catéchisme. C'était le Comte Mastaï, le futur Pape Pie IX. Il se mit sous la direction du Bienheureux, et lui manifesta même son désir de se faire Passioniste. Monseigneur l'encouragea dans son dessein, et le jeune Mastaï, dès son retour à Rome se présenta au couvent de Saints-Jean-et-Paul où le P. Général lui fit le meilleur accueil. Il y passa quelques jours dans la prière. Mais comme il avait eu par le passé quelques symptômes du haut mal, malgré de vifs regrets de part et d'autre, on ne crut pas devoir l'admettre au noviciat. Dieu, qui avait d'autres desseins sur cette grande âme, lui laissa toujours néanmoins cette affectueuse sympathie pour l'Institut de la Passion. C'est à la munificence de Pie IX que les Passionistes doivent la garde du précieux sanctuaire dit de *la Scala-Santa* à Rome, ainsi que la riche bibliothèque pontificale léguée à ce couvent.

Notre Bienheureux eut encore l'occasion et la joie de prêcher aux Ecclésiastiques de Saint-Félix de Giano où l'avait appelé le Bienheureux Buffalo, fondateur de la Congrégation du Précieux Sang. Une intime amitié et un même amour pour Jésus crucifié unissaient ces deux hommes que l'Église réunit aujourd'hui dans une même glorification.

Les semaines, les mois et même les années se passaient ainsi dans des travaux absorbants. On était au mois de septembre 1820 lorsque le cardinal de la Genga, qui fut plus tard Léon XII, fit savoir à Mgr Strambi que le Saint-Père l'appelait à Rome pour prêcher de nouveau la retraite au Sacré-Collège et à tout le clergé romain.

Cette prédication eut lieu dans la magnifique église du Gesù. Et sans doute que la proximité des Pères Jésuites ne fit que raviver le désir qu'avait le Bienheureux de fonder à Macerata un collège dirigé par eux. Il en parle au Pape qui approuve et autorise la cession d'un immeuble à cet effet. Mais le P. Général de la Compagnie répondit à ses instances qu'il fallait, pour la réalisation d'un tel projet, attendre de longues années. Et le bon évêque qui comprit, sans doute, ce que cela voulait dire ne peut ajouter d'autre mérite à son désir que la peine de le voir avorter.

A son retour de Rome, il continue ses visites pastorales, et même ne peut encore résister aux pressantes invitations de l'évêque de Foligno dont le clergé désirait entendre, au moins une dernière fois, cette parole toujours si onctueuse et si forte.

Il y vint donc au mois de juillet 1822. Et malgré les fortes chaleurs de l'été, il prêcha cette retraite avec tant de zèle et d'allant qu'il ne paraissait plus être un homme affaibli par le travail et les années, mais plutôt un prédicateur dans la force de l'âge.

Ce fut là néanmoins, on peut le dire, qu'il clôtura sa brillante carrière apostolique qui avait duré cinquante ans.

Son âme d'ailleurs aspirait plus que jamais au recueillement de la solitude monastique. Car il était intimement pénétré lui-même de ces appels à la vie intérieure que si souvent il avait lancés aux autres. Encore au mois d'août 1823 il vint au milieu des Passionistes de Morrovalle respirer cette atmosphère de silence et de paix qu'offre toujours une communauté fervente.

Ce fut pour les religieux un spectacle attendrissant de voir ce vénérable octogénaire, courbé sous le poids des ans, suivre tous les exercices réguliers avec l'exactitude d'un novice et avec une ferveur que rien ne put jamais attiédir.

Une douloureuse nouvelle l'arracha soudain à ses douces contemplations et à sa chère solitude. Pie VII, après une courte maladie, venait de mourir le 20 août. Dominant sa profonde émotion, Mgr Strambi rentra à Macerata pour rendre dans sa cathédrale les honneurs funèbres au Pape défunt.

Ce devoir accompli, il revint dans son cher couvent et unit ses prières à celles de ses Frères en religion pour implorer les lumières de l'Esprit-Saint sur le prochain conclave. Nous allons voir comment il fut exaucé.

CHAPITRE XVI

La démission

Le Bienheureux priait de nuit et de jour pour l'élection du nouveau Vicaire de Jésus-Christ. Pour favoriser cette oraison continuelle il voulut rester seul dans sa cellule.

Le 28 septembre 1823 ses prières furent plus ardentes, son isolement encore plus absolu. Un religieux s'étant présenté pour avoir un entretien, il lui répondit : « Ce matin j'ai besoin de faire oraison ; ayez la bonté de me laisser continuer ; car j'ai un besoin immense d'oraison... »

Tout à coup il se lève de la prière et sort de sa cellule, le visage rayonnant d'une joie extraordinaire. On demeura persuadé que l'élection du successeur de Pie VII devait avoir eu lieu ce jour-là. Et, en effet, ce jour-là même le cardinal della Genga était élu Pape et prenait le nom de Léon XII.

Ce tressaillement de joie qu'eut le Bienheureux avait sans doute pour cause l'intime satisfaction qu'éprouve tout catholique fervent en apprenant le choix fait par Dieu d'un nouvel élu, d'un nouveau Vicaire de son Christ. Mais il semble qu'il y ait eu aussi dans cette allégresse un motif secret et personnel : l'espoir d'obtenir du successeur de Pie VII une grâce que celui-ci lui avait toujours refusée.

Cet évêque, en effet, que nous venons d'admirer et qu'admirèrent plus encore ceux qui le virent à l'œuvre, s'était toujours cru au-dessous de sa tâche. Alors que les plus hauts personnages le proclamaient *le modèle des évêques*, *le saint évêque*, lui se croyait sincèrement *l'indigne évêque de Macerata* et manifestait cette conviction par ce mot latin qu'on ne peut bien rendre en français, mais qui traduisait tout son dédain pour lui-même : *episcopellus*.

Aussi quand il entendait lire au réfectoire la vie de saint François de Sales ou de quelqu'autre bienheureux Pontife il se trouvait comme suffoqué par la honte et avec de vrais sanglots dans la voix : « Voilà des évêques ! moi je ne suis pas un évêque. »

De là ses instances auprès du Pape pour obtenir de rentrer dans l'obscurité de quelque couvent. Des détails intéressants de ces démarches sont rappelés par un témoin qui nous paraît être l'abbé Natali. Ce prêtre de Macerata avait été désigné par le vénérable évêque pour être le confident sacré d'Anna-Maria Taïgi. Car Vincent connut fort bien, et même dirigea, cette Bienheureuse qui fut à la fois si extraordinaire et si simple.

« En 1815, rapporte donc Natali, après le retour du Pape Pie VII, Mgr Strambi pria Sa Sainteté d'accepter sa démission. Il voulait s'exonérer de la charge des âmes et passer ses derniers jours dans la retraite. Tout fut si bien concerté que Monseigneur se flattait de pouvoir réussir.

» Néanmoins, comme il avait grande confiance en la Servante de Dieu, il me chargea d'aller de sa part chez elle et de lui dire que le lendemain il allait offrir sa démission au Saint-Père et qu'elle priât à cette intention.

» Anna-Maria leva les yeux au ciel et me fit aussitôt cette réponse : « Dites à Monseigneur que demain le Pape le recevra très brusquement. Il n'acceptera pas sa démission, et voudra qu'il parte sur le champ pour son diocèse. »

» Je portai la réponse. Monseigneur sourit et me dit : « Cette fois la sainte cigale s'est trompée ; sachez, mon enfant, que j'ai tout arrangé avec S. Ém. le cardinal Pacca, secrétaire d'État, qui en a averti Sa Sainteté. Je vais plutôt remercier que demander. » « Par une permission de Dieu, continue le témoin, je dus accompagner moi-même Mgr Strambi à l'audience du Pape et je me trouvai présent à la réception.

» En traversant l'antichambre, Pie VII témoigna de l'émotion quand il l'aperçut, et lui dit d'un air grave : « Nous savons pourquoi vous êtes venu. Tout le monde prétexte la santé. Nous aussi nous sommes infirme, et nous portons le poids du monde. Qui enverrons-nous donc pour évêques ? Les balayeurs de nuit ? Tous veulent donner leur démission. Partez ; et partez tout de suite. » Et le Pape le laissa là brusquement.

« Le prélat demanda à Mgr Doria une audience particulière pour quelques affaires de son diocèse, puis on remonta en voiture pour retourner chez les Passionistes. Nous ne disions rien. Lorsqu'on fut près de l'Arc de Titus, Monseigneur rompit le silence : « Vous avez entendu, mon enfant, dit-il, je me tranquillise, et je n'y pense plus. »

Mais l'année suivante le sentiment de son incapacité réveillait encore ses alarmes, et lui inspirait une nouvelle supplique au Saint-Père, tandis que ses diocésains, redoutant de le perdre, en adressaient une autre dans un sens tout opposé.

Ce fut encore un échec pour son humilité et un triomphe pour son obéissance. Mgr Sala lui répondit le 7 août 1816 : « Sa Sainteté, après avoir examiné la teneur de votre lettre, a daigné s'exprimer en ces termes : — Le clergé, aussi bien que les grandes familles nous ont adressé de très vives instances pour que Mgr Strambi reste à Macerata... Ceux-là même qui parurent d'abord mécontents désirent maintenant qu'il n'abandonne pas son siège. Nous croyons donc que la volonté de Dieu est qu'il y reste. Veuillez le lui signifier en mon nom; pour qu'il mette fin à toute hésitation, et qu'il puisse s'occuper tranquillement du bien de son Église. — Voilà donc l'affaire décidée concluait le prélat ; voilà la volonté de Dieu manifestée par la bouche de son Vicaire. Je suis sûr que Votre Grandeur s'en réjouira dans le Seigneur, et continuera bien volontiers à porter cette croix qui pèse sur ses épaules. »

Le Bienheureux s'efforça donc de réaliser ce qu'il écrivait un jour à un évêque : « Oh ! quelle belle chose de pouvoir dire avec saint Chrysostome : la très sainte volonté de Dieu est pour moi la pierre où je me raffermis ; elle est mon refuge, elle est tout mon bien ! »

Néanmoins c'était parfois un peu dur et il écrivait à la Servante de Dieu Marie-Louise Maurigi : « J'ai grand besoin de prières. Car à l'encontre de mes désirs me voilà obligé de porter encore cette croix que j'avais espéré déposer. Ma plus grande consolation c'est de dire, quoique sans grand sentiment : *Fiat voluntas tua !* Que votre charité ait compassion de ma misère et m'assiste en priant beaucoup pour moi. »

« Le Saint-Père, écrivait-il à une autre, me fait savoir que c'est sa volonté que je reste ici sous le fardeau. Je dis au Seigneur : *doce me facere voluntatem tuam.* »

Si parfois spontanément un désir contraire se faisait jour ; si même une supplique nouvelle était déjà rédigée il suffisait d'un mot d'un prélat, de son confesseur, pour qu'aussitôt tout fût arrêté. *Domini voluntas fiat !* disait-il alors avec ferveur et c'était fini.

Mais voici un nouveau Pape, et tout recommence. Sans tarder Mgr Strambi lui écrit sa joie, ses protestations d'obéissance, puis il ajoute : « Humblement prosterné aux pieds de Votre Béatitude, j'implore du fond de mon cœur une grâce que je serais venu demander en personne, si je n'avais craint d'être importun parmi les innombrables sollicitudes des premiers jours de son heureuse Exaltation. Agé de 80 ans, chargé d'infirmités, je ne puis plus satisfaire avec tranquillité de conscience aux graves devoirs de mon ministère. Votre Sainteté daignera donc m'accorder cette grâce que réclament à la fois le bien spirituel de mon troupeau, la paix de ma vieillesse, mon impotence et peut-être aussi le salut de mon âme. »

Léon XII hésitait. A son avis la seule présence de cet homme de Dieu dans un diocèse compensait tout le reste. Mais aussi les motifs personnels du vénérable prélat étaient si justes et si raisonnables !

Cette dernière considération prévalut, et plus encore le désir qu'avait le Pontife de le posséder auprès de lui comme un intime et précieux conseiller. Le 11 novembre il lui fit donc écrire en ce sens par le cardinal Brancadoro : « Votre démission a été acceptée pour vous agréer, et hier a été dressé devant moi l'acte ordinaire d'acceptation. Sa Sainteté m'a chargé de vous signifier, en son nom souverain, de ne point songer à votre domicile dans cette Capitale. Car sa volonté est de vous garder auprès d'elle dans le palais pontifical même, sans que vous ayez à vous préoccuper de rien. » Et dans une autre lettre : « Le Saint-Père m'a chargé de vous dire qu'il a fait préparer vos chambres au Quirinal. Son désir est que vous veniez vous y installer, vous en remettant à sa volonté pour la durée de votre séjour. »

Après 23 ans d'épiscopat Vincent était donc libre et redevenait en quelque sorte simple religieux. Son grand désir était bien toujours de se retirer dans un couvent. Mais sur ce dernier point l'ordre du Pape était formel, et d'ailleurs la faveur était insigne.

Mgr Strambi s'empressa de remercier Sa Sainteté, sans même se préoccuper de solliciter, selon l'usage, pension et titre d'Église. Mais le Pape ne manqua pas de lui assigner royalement les revenus opportuns.

La grande nouvelle affecta profondément Macerata et tout le diocèse. Clergé, notables, gens de toute condition affluèrent pour lui témoigner avec un redoublement d'affection et de respect, la douleur qu'ils ressentaient de son départ.

Au Séminaire, devenu comme on sait, sa résidence habituelle, la scène fut particulièrement touchante. « Un soir de novembre, raconte un témoin, il s'arrêta au milieu de la chapelle, et s'adressant à nous, séminaristes, il nous parla à peu près en ces termes : « Enfin le Saint-Père a daigné exaucer mes prières ; il a accepté ma démission. Et ayant demeuré longtemps avec vous.... » Ici on eût dit qu'il voulait continuer par des excuses, peut-être même en demandant pardon. Ma telle fut la peine, la stupeur qui nous saisit tous, que des sanglots éclatèrent de toutes parts. Impossible de placer une parole. L'évêque en fut profondément ému, et tout en larmes lui-même il embrassa les élèves qui étaient auprès de lui. Le rosaire fut entrecoupé de gémissements ; et au souper ni Monseigneur ni personne n'a rien pris, ou a peu près, tellement vive et générale était l'émotion. »

Durant les quelques jours que le Bienheureux passa encore à Macerata arriva la fête de la Présentation de Marie au Temple, que la ville avait coutume de célébrer avec grande solennité dans l'église Saint-Georges. L'évêque à cette occasion y disait la messe de bonne heure et prêchait à l'assistance. Il voulut encore le faire cette année pour la dernière fois.

Et, nouveau trait de son humilité autant que de son zèle, « Il demanda au Vicaire Général, rapporte un témoin, la permission de célébrer solennellement et de prêcher selon l'usage. Quel fut l'étonnement de cet ecclésiastique en voyant l'humilité de notre Bienheureux encore muni de tous les pouvoirs dont il avait le droit d'user à son gré ! »

Une dernière fois donc, dans une allocution qui fut fort belle, atteste un auditeur, Vincent recommanda cette grande dévotion à la Vierge ; une dernière fois, malgré sa faiblesse, il voulut distribuer la communion à toute cette foule. Cette ultime rencontre du Pasteur et de son peuple était la digne conclusion de vingt-trois ans d'épiscopat et le réel symbole de ce que s'efforça toujours de réaliser cet infatigable sauveur d'âmes : les ramener et les présenter à Jésus par Marie.

Le jour du départ fut enfin fixé. Qu'on essaie de s'imaginer ce que fut cet hommage suprême de filial amour, de regret, de vénération de la part d'une population si croyante et si vive. Nous renonçons à le décrire et nous préférons suivre le Bienheureux qui, au soir du 30 novembre 1823, arrivait à Rome.

Il alla directement au palais apostolique selon les ordres reçus du Pape. Son secrétaire et un chanoine de Tolentino l'accompagnaient. Il fut immédiatement conduit aux appartements qui lui étaient réservés ; et après quelques congratulations réciproques avec certaines personnalités de la cour romaine, il désira se présenter au Saint-Père. Léon XII, qui l'attendait avec impatience, l'accueillit avec de telles démonstrations d'estime, de tendresse et même de vénération que l'humble prélat en était tout confus et comme stupéfait.

Le Pape le fit asseoir à ses côtés et dans un entretien des plus intimes, qui dura plus d'une heure, il goûta une grande consolation. Il s'informa aussi avec la même bonté de sa santé, témoignant de l'intérêt pour tout ce qui touchait à une vie si chère. Finalement Sa Sainteté lui dit dans les termes les plus gracieux, combien désormais elle allait être heureuse de s'entretenir fréquemment avec lui.

Tant d'honneurs et de distinctions confondaient cependant de plus en plus cet humble de cœur qui, on le remarqua bien, se retira fort triste dans sa chambre. Mais sa modestie se rassura bientôt en songeant que ces grands honneurs au palais des Papes dureraient fort peu.

CHAPITRE XVII

Au Quirinal

L'IDÉALE solution rêvée par Mgr Strambi était, nous l'avons dit, de se retirer parmi ses frères, les Passionistes, pour y retrouver cette vie claustrale qu'il n'avait quittée qu'à regret. Aussi les Religieux de Rome, ignorant les dispositions du Souverain Pontife, songeaient déjà, de leur côté, à préparer un appartement dans leur monastère de Saints-Jean-et-Paul.

Mais la volonté du Pape était formelle ; Vincent fit le sacrifice de ses plus chers désirs. Il ne laissait pas de craindre néanmoins que son recueillement ne reçût quelque atteinte parmi les multiples relations de la cour. Étranger, évidemment, à toute idée flatteuse d'avancement ou de réputation, il ne trouvait rien, dans sa nouvelle situation, qui pût le dédommager de la solitude où il se fût livré tranquille à la contemplation des réalités célestes qui approchaient. « Ah ! pauvre malheureux que je suis, l'entendait-on parfois répéter, c'est là une punition de mes péchés. » « Priez, disait-il encore à un prêtre, priez pour qu'à la cour je n'en vienne à me pervertir entièrement. »

Son excessive frayeur se proposa du moins de s'appliquer à une plus étroite union avec Dieu par la pratique assidue de l'oraison, de la mortification et de la charité. Il voulut aussi s'affermir d'autant plus dans l'humilité que son rôle d'intime conseiller du Pape l'élevait davantage. Bientôt néanmoins, malgré l'effacement volontaire de sa conduite, non seulement la cour mais Rome tout entière s'édifiait de son extraordinaire vertu.

Il se traça une règle de vie d'une rigueur toute claustrale. Cette sage organisation de son temps lui permit de jouir de la solitude de sa chambre, du silence, de l'oraison, de la méditation des saints Livres, sans préjudice de ce que le devoir ou les convenances lui imposaient dans ce nouveau milieu.

Sa discrétion, sa réserve absolue firent particulièrement admirer sa prudence. Austère pour lui-même, il était plein d'aménité, d'égard et d'attention pour les autres. Dissimulant ses vastes connaissances il ne prit jamais rien de cet air affecté ou sentencieux qui trahit parfois l'homme averti ou soucieux de le paraître. Il s'abstenait des doctes discussions, ou ne s'y engageait que comme à regret, et en des termes de touchante modestie.

Le matin de bonne heure, après son habituelle et longue préparation, il célébrait la messe dans sa chapelle privée et entendait ensuite celle de son chapelain.

Retiré dans sa chambre, il lisait ou continuait son oraison. Telle était toujours sa pratique à moins qu'il n'en fût empêché par quelque visite.

Le Bienheureux, du reste, était l'ennemi juré du farniente. Et cela a toujours tellement paru dans toute sa conduite qu'on s'est demandé si, comme saint Alphonse de Liguori, il n'avait pas fait vœu de ne pas perdre la moindre parcelle de son temps. On le trouvait toujours occupé ; et telle était son attention à utiliser pleinement chacun de ses instants que même lorsqu'il se faisait raser on devait lui faire une lecture.

Dans la matinée il allait à Saint-André, noviciat des Jésuites. Et ces bons Pères qui savaient pourquoi, se faisaient un devoir de le conduire à une petite chapelle de leur église. Il y restait deux ou trois heures en oraison.

Après le repas de midi et une courte récréation avec les deux prêtres qui étaient ses commensaux il ne tardait pas à donner audience à ceux qui désiraient lui parler. Le reste du jour était encore consacré à la lecture, à la prière ou à quelque pieux ministère.

Le Pape avait mis à sa disposition une voiture du Palais. Très sensible à ce nouveau trait de bonté Vincent ne voulut pourtant l'utiliser que pour se rendre à son cher monastère de Saints-Jean-et-Paul. Là encore il restait de longues heures en oraison dans la basilique, récitait son office, et se plaisait infiniment avec ses Frères qu'il engageait aimablement à venir le voir au Quirinal.

Sur sa demande le P. Général lui destina pour le servir un religieux convers qui ne le quitta plus jusqu'à sa dernière heure. Le Bienheureux se montrant toujours religieux lui-même, ne voulut pas cesser de porter les insignes de la Passion. Même au palais pontifical ses vêtements respiraient la pauvreté monastique. Il avait le manteau des Passionistes ; et s'il le déposait pour sortir il ne paraissait guère plus riche avec son vieux mantelet qui datait de son épiscopat.

Son chapeau était-il à l'avenant ? On peut le redouter d'après le fait suivant. A Macerata le couvre-chef épiscopal, bien qu'il eût été de temps à autre désespérément retapé, persistait dans un air minable qui émut l'amour-propre d'un bienfaiteur quand Monseigneur dut aller prêcher au clergé romain. Vincent partit donc avec un chapeau tout neuf. Mais quand il fut de retour toutes ses préférences revinrent aussi à son vieux serviteur. Et un jour qu'au moment de sortir son compagnon réparait ce parti-pris de la pauvreté volontaire en lui présentant le nouveau : « Est-ce que, dit en souriant le Bienheureux, est-ce que nous devons aller voir le Pape, pour que vous me présentiez ce chapeau ? L'autre est bon, l'autre est bon. » Et il prit l'autre, afin de mieux ressembler aux indigents auxquels il donnait sans compter, disant : « Bienheureux l'évêque qui à l'heure de sa mort n'aura plus une baïoque pour avoir généreusement donné aux pauvres de Jésus-Christ ! »

Cette insouciance de l'apparat ne l'empêcha pas de briller, même à Rome, et d'attirer à lui. Le soir il trouvait ordinairement son antichambre remplie de visiteurs désirant lui parler d'affaires, lui confier d'intimes secrets, recevoir un conseil ou une direction. Prêtres, religieux, Prélats, Cardinaux, atteste le cardinal Severoli, venaient presque chaque jour chercher auprès de lui une de ces paroles qui élèvent l'âme et soutiennent le cœur [1]. On les vit, même les plus éminents en dignité, se mettre pieusement à genoux demandant la bénédiction du vénérable vieillard, qui, dans son humilité s'y refusait, et ne se rendait qu'à une sainte violence. Ses paroles respiraient une telle sainteté que souvent au sortir d'auprès de cette grande âme on s'écriait tout ému : « Mgr Strambi est un saint ! »

Chaque soir aussi il allait à l'audience du Pape d'après l'ordre qu'il en avait reçu. Léon XII l'admettait alors dans ses plus intimes confidences. Durant une heure entière, et quelquefois davantage, il le consultait sur

1. Ce cardinal eût été nommé Pape après Pie VII, sans l'exclusion de l'Autriche.

les affaires les plus graves de l'Église, déposait ses angoisses dans ce cœur si dévoué, et protestait qu'il éprouvait le plus doux allègement à ses lourdes responsabilités toutes les fois qu'il conversait avec cet homme de Dieu.

Il entendait qu'il vînt à lui sans habit de cérémonie, en toute simplicité et confiance. Durant leur entretien personne n'était admis. C'est ainsi que plusieurs fois des cardinaux, voire même le Secrétaire d'État durent attendre longtemps pour être introduits auprès du Saint-Père qui tardait à congédier le vénéré prélat.

Quand Mgr Strambi rentrait, assez tard, dans ses appartements souvent il y trouvait encore bon nombre de personnes qui l'attendaient, et avec son affabilité ordinaire il donnait satisfaction à tous.

Parmi ces visiteurs il y eut souvent le témoin déjà cité à propos de la Bienheureuse Anna-Maria Taïgi. Comme l'avait prédit la Bienheureuse, dit-il, « après la mort de Pie VII, Léon XII appela Mgr Strambi à Rome pour en faire son consulteur. Monseigneur laissa son diocèse et vint demeurer auprès du Pape au Quirinal. Il me pria d'aller le voir tous les soirs. Il me faisait part avec circonspection de la conférence secrète qu'il avait eue dans la journée avec le Saint-Père, afin que je prisse l'avis d'Anna-Maria dont les conseils étaient d'un si grand prix à ses yeux. »

La journée s'achevait ainsi. Monseigneur récitait le chapelet avec son personnel, prenait en compagnie de ses deux prêtres une légère collation suivie d'une édifiante causerie, et se retirait dans sa chambre. Encore une fervente prière les bras en croix devant le crucifix et le vénérable octogénaire se livrait enfin à un repos bien gagné.

Des personnalités marquantes sollicitaient l'honneur de le recevoir au moins une fois dans leur maison. Il s'en excusait avec bonne grâce alléguant son âge et sa faiblesse. Tout au plus alla-t-il chez quelque cardinal ; ou bien, cédant à des instances réitérées, il finit par accepter de paraître dans telle ou telle communauté de religieuses.

Comme néanmoins sous les glaces de l'âge son zèle n'avait rien perdu de son ardeur, certains malades obtinrent aussi le réconfort de sa présence. Telle fut entre autres la reine d'Etrurie, Marie-Louise qui avait instamment réclamé cette consolation.

Et à propos de cette maladie et des prières qu'on fit pour la guérir, qu'il nous soit permis de remarquer que Dieu montra, une fois de plus, qu'il ne s'est pas engagé à favoriser des mêmes lumières, et pour toutes les circonstances, deux âmes saintes qui semblent également héroïques et lui être également chères.

« Cette princesse, dit Natali, étant tombée malade à Rome, Mgr Strambi et Mgr Sala proposèrent un triduum à Saints-Jean-et-Paul pour obtenir sa guérison, en exhortant la malade, elle même, à implorer l'intercession de Paul de la Croix, fondateur des Passionistes (alors simplement Vénérable). Le triduum fut célébré avec la magnificence que réclamait la haute situation de princesse. Les deux prélats faisaient espérer la guérison. Mgr Strambi m'avait chargé de prévenir Anna-Maria Taïgi afin qu'elle priât de son côté, et qu'elle exprimât son sentiment sur la nature de la maladie.

» Elle fit répondre avec non moins de franchise que de simplicité : « Que Mgr Strambi ne devait pas s'avancer autant dans cette affaire, parce que tant lui que son fondateur y feraient mauvaise figure. »

» J'allai voir journellement Mgr Strambi pendant quelque temps ; et comme les nouvelles de la Reine étaient assez bonnes il me disait en souriant : « Marie-Louise est mieux aujourd'hui encore ; voyez-vous ? Dites-le à Anna-Maria. »

» A l'improviste, il y eut rechute et le danger de mort devint imminent... Anna Taïgi (qu'on était allé quérir) annonça prudemment à la malade qu'elle devait se préparer à la mort, l'exhortant à se soumettre à la volonté de Dieu et à placer en lui toute sa confiance... La Reine ne s'y attendait pas... Il lui en coûta de se résigner. Elle le fit pourtant... »

» Lorsque Mgr Strambi apprit le danger où elle était, il s'écria en ma présence : « Ah ! si j'avais écouté Anna-Maria !... »

Et cet aveu d'un Bienheureux encourage singulièrement ceux qui ne le sont pas encore, à la pensée que si aujourd'hui la vision béatifique a chassé tout nuage, il y eut néanmoins des jours, pour lui comme pour nous, où tout n'était pas clair, où Dieu l'exauçait éminemment tout en le laissant marcher à tâtons, et même se tromper innocemment.

Depuis quelque temps il y avait à Rome la princesse Borghèse, sœur de Napoléon Ier. Car, comme l'a remarqué l'historien Cantu, « Pie VII en dépit des frayeurs invincibles des rois, avait accordé l'hospitalité à la famille Bonaparte. »

Cette grande dame, plutôt mondaine, apprit pourtant, elle aussi, par la voix publique ce qui se disait de la sainteté de Mgr Strambi. Elle eut la pensée d'avoir un entretien avec lui. C'est d'un tel ministre de Dieu qu'elle voulait recevoir conseils et secours spirituels dont elle ne reconnaissait que trop l'urgence pour son âme.

Elle lui écrivit donc un billet de sa main, le priant dans les termes les plus obligeants, de venir chez elle le lendemain, et qu'elle enverrait son propre carosse pour le prendre.

Bien grands sont souvent les obstacles au salut dans une position fort élevée, et très difficile aussi la victoire sur soi-même. Vincent le savait ; et pour le bien de cette âme répondit à son appel. Par humilité il aurait voulu cacher un si haut témoignage de confiance de la part de la princesse ; mais ce ne fut pas possible. Il en prit du moins sa revanche comme il put ; en particulier, lorsqu'il monta dans la magnifique voiture qui venait le prendre. « En avant ! dit-il en riant, voilà Bertoldo porté en triomphe ! »

L'entrevue produisit la plus vive et la plus heureuse impression sur l'esprit de cette dame. Il entendit sa confession, lui fit recevoir l'Eucharistie, et la laissa dans la consolation et dans les dispositions les plus chrétiennes.

Prenant à cœur le salut de cette âme, il ne cessa d'adresser à la Sainte Vierge d'ardentes prières pour lui obtenir la grâce de la persévérance. Et, comme le remarque un chroniqueur, on a de grands motifs d'espérer qu'il fut exaucé. La princesse, en effet, entra résolument dans la voie d'une vie surnaturelle, et le saint directeur aurait assurément continué à l'y raffermir, si, peu de jours après, il n'eût quitté ce bas monde pour une vie meilleure.

CHAPITRE XVIII

L'offrande

Mgr Strambi avait l'intime pressentiment de sa fin très prochaine malgré un état de santé normal et rassurant. « Comme nous causions ensemble, dit un témoin du Procès, je le vis tout à coup s'absorber en lui-même, comme plongé dans une contemplation profonde. Puis il reprit la conversation en disant : « Quarante jours au Quirinal, et ensuite à Saints-Jean-et-Paul. »

« Je remarquai alors qu'après ces paroles, son émotion cessa et qu'il reprit son état ordinaire de tranquillité. Je crus que notre Bienheureux voulait dire qu'il avait l'espoir fondé que le Pape, après environ quarante jours de résidence au Quirinal, lui accorderait la permission de se retirer au monastère. Lorsque j'appris sa mort arrivée quarante jours environ depuis sa venue à Rome, je regardai ces paroles comme un pressentiment de sa fin. »

L'abbé Natali garda la même impression d'une visite qu'il fit au Bienheureux. Après une longue conférence spirituelle il remarqua que les traits du saint prélat étaient extraordinairement animés. Puis au moment de se séparer, le bon vieillard, contre son habitude, se levant sans l'aide de personne, l'accompagna jusqu'à la porte, l'embrassa avec tendresse et lui dit comme pour lui laisser le mot suprême d'une dernière entrevue :

« Mon enfant, aime Dieu de tout ton cœur ! » La façon insolite dont tout cela fut fait et dit ; puis la mort qui survint si vite confirmèrent Natali dans la persuasion que Monseigneur savait dès lors qu'ils ne se verraient plus sur la terre.

Nous pourrions rapporter d'autres faits analogues qui semblent bien attester que Dieu se plut à révéler à ce cœur pur les secrets du présent ou de l'avenir. La trame de cette vie à son déclin nous amène tout naturellement à signaler ici ce qui alors, d'après une opinion commune, fut pour notre Bienheureux un dernier trait d'intuition prophétique, et d'héroïque dévouement envers le Pape.

Trois mois s'étaient écoulés, depuis que Léon XII était monté sur la chaire de saint Pierre, lorsqu'il fut atteint d'une maladie fort grave qui mit ses jours en péril. Le 23 décembre les médecins jugeaient que son état avait encore empiré.

Le soir de ce même jour Mgr Strambi se rendit, comme d'habitude, à l'audience du Saint-Père ; mais il resta fort peu pour ne pas fatiguer l'auguste malade. Il sortit tout pénétré de tristesse et dit à celui qui l'accompagnait dans l'escalier privé : « Le Pape est bien mal il faut beaucoup prier. »

Rentré dans ses appartements il parut très affecté et ne fit qu'augmenter les appréhensions de tout son entourage en redisant ces paroles entrecoupées de soupirs : « Le Saint-Père va mal. » Il fit dire le rosaire pour la guérison de Sa Sainteté et ordonna que l'on devançât l'heure de la collation, parce qu'il voulait au plus tôt se retirer dans sa chambre.

On se permit de lui en demander la raison. « C'est que, répondit-il, cette nuit je dois me lever bien vite ! »

Et cette impression ne mentait pas. Vers minuit, en effet, le Pape subit une telle aggravation de son mal qu'il perdit à peu près l'usage des sens et de la parole. On jugea qu'il était grand temps de lui administrer les derniers sacrements. C'était la consternation la plus profonde autour du moribond.

Vincent est appelé en toute hâte pour assister le Pontife expirant. Il arrive au plus vite ; et en l'apercevant le Pape visiblement heureux, recueille le peu de forces qui lui restent, tend vers lui ses mains languissantes, et l'embrassant tendrement lui dit avec l'intime simplicité de tous les jours : « Ah ! mon cher Père Vincent j'espérais vous mettre au rang des saints mais un autre Pape le fera. »

Le Bienheureux, dominant sa douleur, étouffant ses sanglots, adresse des paroles de consolation au Saint-Père qui en témoigne sa satisfaction. Il lui proteste que Dieu ne permettra pas, en des temps si difficiles, que si tôt l'Église soit privée de son Pasteur.

Néanmoins on demanda au vénéré malade s'il voulait recevoir le saint Viatique. « Eh ! plaise à Dieu ! » répondit-il en joignant les mains avec l'expression d'un vif désir.

Quand il vit le Saint-Sacrement entrer dans sa chambre le Pape fit une prière si touchante au Sauveur que tous les assistants en furent émus jusqu'aux larmes. Après la communion Vincent resta encore quelque temps auprès de Sa Sainteté lui suggérant, de temps à autre, des pensées de foi et de pieux élans du cœur vers le Souverain Bien. Le mourant en éprouvait une consolation très sensible.

Tout à coup et comme inspiré le Bienheureux demande au Pape la permission d'aller célébrer la messe pour obtenir sa guérison. Minuit avait sonné. La permission est accordée, et le prélat se retire en disant : « Courage, Saint-Père, il y a une personne qui offre sa propre vie pour la vôtre ! »

La messe, spécialement désignée par la liturgie pour les malades, commença donc dans la chapelle voisine. Le cardinal Galaffi, Mgr Frezza et quelques autres y assistaient. Tout le monde fut frappé de l'extraordinaire expression de foi, de piété, de ferveur et de confiance qui rayonnait en l'homme de Dieu pendant le saint sacrifice.

Que se passa-t-il alors sur ce nouveau calvaire entre le Christ et son prêtre ? Cela demeura secret ; mais la suite a toujours fait croire que le célébrant demanda cette nuit-là de mourir pour que le Saint-Père vécût encore. Le sacrifice fut accepté.

Le vénérable évêque s'était à peine plongé dans les ardeurs séraphiques de son action de grâces, lorsque Mgr Soglia vint lui dire tout joyeux de revenir auprès de Sa Sainteté.

— « Comment va le Pape ? demanda Vincent.

— « Il va bien, répondit simplement le prélat.

Alors se laissant aller à une de ces explosions de joie et de confiance provoquées chez les saints par une vive lumière :

— « La grâce est accordée, dit-il, la très sainte Vierge Marie nous a exaucés ; le Seigneur a accepté le sacrifice. » Et il se rend auprès du Souverain Pontife.

Une amélioration subite était survenue pendant la messe. Déjà le Saint-Père sentait comme un renouveau dans tout son être ; et je ne sais quelle joie suave brillait dans ses traits. Il se mit à causer avec le Bienheureux. Et il puisait toujours tant de consolation et de ferveur dans cet entretien, qu'il répétait parfois : « Monseigneur, ne m'abandonnez pas, car je me sens tout réconforté par ce que vous me dites. »

Depuis longtemps le Pape n'avait pu rien prendre. Le prélat lui ayant fait d'aimables instances pour qu'il acceptât un peu de bouillon, il put le prendre, en effet, sans difficulté. Décidément un changement extraordinaire s'était produit.

Alors le Saint-Père, compatissant, à son tour, aux fatigues du vénérable vieillard, lui ordonna d'aller se reposer et de revenir ensuite auprès de lui.

Lorsque, dans la matinée, Mgr Strambi retourna vers les appartements du Souverain Pontife, il rencontra les cardinaux Somaglia et Galeffi ainsi que Mgr le Trésorier. Naturellement on parla de la maladie du Saint-Père. Il leur assura que le Pape ne mourrait point et qu'ils devaient bannir toute crainte. Une personne, disait-il, avait offert sa propre vie pour obtenir cette guérison, et l'offrande avait été acceptée par Dieu.

Jamais son humilité ne voulut être plus explicite. Mais les faits ont trahi sa réserve. Le Pape recouvra sa santé première, et lui fut bientôt frappé par la mort. Tous ceux qui, après avoir entendu les assurances du Bienheureux, constatèrent ce dénouement aussi rapide qu'inattendu, restèrent convaincus que la victime volontaire n'était autre que lui-même.

Cette conviction fut bientôt générale, et nous la trouvons attestée par de multiples dépositions dans les Procès. Nous y trouvons même relatés ces nouveaux détails. Vincent dans ses entretiens avec le Pape durant cette maladie non seulement lui assura qu'il guérirait, mais lui prédit encore que son Pontificat serait de cinq ans, cinq mois et quelques jours.

Cinq ans après Léon XII ordonna de rédiger l'épitaphe de son tombeau. Comme on s'étonnait autour de lui il déclara qu'il avait peu de temps à vivre, et continua de prendre d'autres dispositions qui dénotaient chez lui cette persuasion d'une mort prochaine. Telle fut, entre autres, l'appropriation de la salle où devait se tenir le conclave pour l'élection de son successeur.

Cela prouve assez que le Pape partageait l'opinion commune touchant l'esprit prophétique du Bienheureux, et les événements confirmèrent bientôt, une fois de plus, la parole de celui qui les avait prédits. Pour l'instant l'Église de la terre allait encore conserver son Pontife ; mais l'Église du ciel était sur le point d'accueillir celui qui terminait sa longue et féconde carrière par un acte dont la générosité ne peut être dépassée : donner sa vie pour ceux qu'on aime.

CHAPITRE XIX

La couronne

NOTRE Bienheureux a plus d'une fois laissé comprendre que son regard si pur apercevait déjà les confins de la Patrie céleste. C'est toujours trop tôt que les saints privent la terre de leur présence et de leurs exemples. C'est toujours fort imparfaitement qu'on essaie de se consoler de leur départ en racontant le peu qu'ils nous ont laissé entrevoir de leurs vertus.

Ainsi voulons-nous avant de clore cette biographie forcément incomplète jeter un dernier regard sur celui qui semble encore l'un d'entre nous, mais que le ciel va nous ravir. Pour irradier cette physionomie que nous connaissons déjà un peu nous avons une foule de traits disséminés en d'authentiques attestations. Mais nous sentons si bien que toutes ces relations disent si peu en comparaison de ce que nous voudrions savoir ! Le fait qu'on relate, la parole qu'on garde, les sentiments qu'on devine ne nous apportent à travers des pages mortes, que des couleurs plus ou moins fanées d'une vertu qui voulut rester ignorée, et qui trop souvent y réussit.

Nous tenterons du moins en recueillant quelques fleurs de ces pieux souvenirs, d'entrelacer une couronne d'honneur pour notre Bienheureux, et d'édification pour nous.

Bien que Vincent nous apparaisse déjà, par ses intuitions de l'avenir et ses vues sur nos mystères, comme un homme éclairé des prochaines clartés de l'éternité, sa première gloire est d'avoir été et de rester un *juste qui vit de la foi.* Il suffisait pour s'en convaincre de l'entendre remercier Dieu de ce grand don qui repose notre esprit dans la vérité révélée. De son côté par l'étude, la réflexion et la prière, il s'efforçait de consolider toujours plus dans son âme cette primordiale conviction de toute vie intérieure. « Ah ! mon Dieu, s'écriait-il souvent, notre foi c'est la seule qui soit vraie ! Et pour elle je donnerais mille fois ma vie ! »

Mourir pour une telle cause eût été doux pour celui qui ne trouva pas assez amer un exil de cinq ans. En se plaignant de n'y avoir pas assez souffert il disait : « Mes péchés m'ont rendu indigne du martyre. Les autres ont trouvé moyen de souffrir beaucoup de leur déportation ; moi je n'y ai trouvé que des douceurs. »

Il parlait avec tant de clarté, de précision et d'à-propos des vérités de la religion qu'on demeurait frappé de son esprit de foi et de la manière ingénieuse dont il l'insinuait aux autres.

De là dans toute sa vie un recueillement que tout paraissait intensifier au lieu de distraire : « Écoutez, écoutez, disait-il par exemple, en entendant chanter les oiseaux, écoutez comme ces petites créatures louent le bon Dieu ! » Et pour lui tout chantait dans la nature, même ce qui ne chante pas ; parce que toute la terre est un hymne perpétuel pour ceux qui croient en ce grand Dieu que tout adore.

Il était si pénétré de la présence divine en tout lieu, et il en parlait en des termes si énergiques et si transparents, qu'on a vu des personnes courir bien vite se confesser après l'avoir entendu prêcher sur cette vérité indéniable mais trop oubliée. « Quand cet homme de foi récitait son office, il me semblait, disait quelqu'un, que je contemplais une âme toute céleste, chantant les psaumes à côté du roi David lui-même. »

Dieu s'est, en quelque sorte, rendu visible au Saint-Sacrement de l'autel. Le Bienheureux ne se lassait pas de contempler cette merveilleuse invention de l'amour divin. Avant de partir en voyage ou en mission, quand il n'était que religieux, il allait demander réconfort et bénédiction au Dieu du tabernacle. A son retour au couvent son premier délassement était encore d'aller adorer son bon Maître.

En sortant de là il pouvait affronter sans danger toutes les vanités ou tous les sacrifices. Aussi disait-il quand on lui parlait de grandeurs, de fortunes, de promotions sensationnelles : « Oh ! combien je préfère à toutes ces vanités-là une heure passée devant le Saint-Sacrement ! »

Quel séraphin à l'autel, nous l'avons vu ; et aussi quel zèle brûlant pour que tout le monde honorât ce saint mystère ! Il ne pouvait souffrir dans un prêtre la précipitation, le désordre, le sans-gêne dans les cérémonies saintes, et il n'hésitait pas même à interdire l'accès de l'autel jusqu'à ce qu'on se fût amendé sur ce point. Voir l'action de grâces omise ou écourtée indignait pareillement son amour, et il ne craignait pas, à l'occasion, de réprimer une telle désinvolture à l'égard de celui qu'on vient à peine de recevoir par la communion.

Ce zèle, à la fois courageux et prudent, s'étendait à tous ; et, comme celui de Jésus au Temple, savait fustiger qui de droit. Un jour il voit entrer à l'église une dame de qualité qui prétendait peut-être s'autoriser de son rang pour se dispenser dans sa mise des règles de la modestie. Le vénérable évêque va droit à elle, et lui dit sans détour avec une liberté tout apostolique de vouloir bien se couvrir ou de sortir immédiatement. Sa foi ne pouvait en effet tolérer pareille inconvenance dans la maison de Dieu.

Dans l'Eucharistie Vincent retrouvait le mémorial des ineffables douleurs de Jésus qui furent toujours la pensée dominante de ses méditations et de son apostolat. Dès sa plus tendre enfance cet affectueux souvenir pour Jésus souffrant s'était manifesté en lui. C'est ce qui l'avait attiré auprès de saint Paul de la Croix, ce prédestiné de Dieu pour méditer et prêcher la Croix. C'est ce qui lui donna tant de ressemblance avec ce bienheureux Père.

Soit comme simple missionnaire, soit comme évêque, dans sa piété personnelle et dans ses discours il parut, lui aussi, enflammé d'un *amour singulier pour Jésus Crucifié.* Il savait prendre tous les tons, se faire tout à tous quand il parlait de la Passion, ce grand drame de l'amour divin. Il savait plaire aux plus initiés de la contemplation ; comme aussi, s'adapter aux mentalités les moins mystiques et les plus terre à terre. « Si vous voyez des arbres, disait-il, pensez à l'arbre de la croix de Jésus. Si vous maniez des cordes, souvenez-vous que Jésus fut garrotté. » Enfin il exhortait chacun à unir ses souffrances à ce que le Sauveur a souffert par amour pour chacun de nous.

La pratique du chemin de la Croix qui lui était familière semblait l'absorber et comme le submerger dans l'océan sans limites des douleurs divines. Ces douleurs il aimait particulièrement à les voir exprimées dans l'image traditionnelle de l'*Ecce-Homo.* Il en faisait reproduire en quantité pour les distribuer dans ses missions ;

et, en les offrant aux fidèles ou aux ecclésiastiques, il ne manquait pas de recommander à tous cette dévotion si chère à son cœur.

Quelques échos de ces chaleureux avis nous sont parvenus par ses lettres : « L'école pour apprendre à brûler de l'amour de Dieu c'est le Calvaire, écrivait-il à une âme pieuse. Oh ! que de leçons expressives, insinuantes et pleines d'efficacité on recueille sur cette colline, consacrée par les dernières angoisses de notre Rédempteur, et par l'effusion de son sang très précieux ! Tenez-vous là sur ce Calvaire, tout près de la Croix qui fut l'autel où il offrit le grand sacrifice ; et j'ai bon espoir que de la croix votre âme un jour s'envolera vers la Jérusalem céleste. »

Il fit plus que d'écrire des lettres en ce sens ; il composa divers ouvrages dont l'un des plus considérables est intitulé : *Des trésors que nous avons en Jésus-Christ.* Par humilité il n'y apposa jamais son nom. L'un de ceux qui furent le plus appréciés, et qui vient d'être réédité, consiste en une série de méditations pour honorer le précieux Sang chaque jour du mois de juillet.

Cette dévotion au Sang du Christ fut un des aspects très remarquable de sa piété. Quand il parlait ou écrivait sur ce sujet son émotion était sensible et impressionnait fortement ceux qui le voyaient. « Purifiez-vous souvent dans le Sang du Rédempteur, écrivait-il à une âme pieuse. Il faut plonger votre cœur dans ce Sang divin pour le réconforter et l'embraser du saint amour. »

Le Cœur de Jésus est le centre de ces flots et de ces flammes de l'amour divin. Aussi Vincent en méditant la Passion honorait-il déjà d'une manière très explicite ce Cœur sacré vers lequel, aujourd'hui plus qu'alors encore, converge toute piété catholique. Il composa même un délicieux opuscule pour envisager spécialement ce divin Cœur dans l'exercice du chemin de la Croix.

Sous une forme plus ou moins variée il aimait à dire en terminant ses lettres : « Je vous laisse dans le Sacré-Cœur de Jésus où vous serez en sécurité, en paix et à la source de tout bien. »

Si près de ce Cœur blessé il apprit à aimer aussi celle que Jésus aima par dessus toutes les créatures et qui est appelée, elle-même, la reine des cœurs, la très sainte Vierge Marie. Cette dévotion, déjà grande quand il n'était qu'un petit enfant, ne fit que croître durant sa longue vie. Elle compénétrait toute sa conduite, présidait à toutes ses décisions. Dans le doute, dans tel cas fortuit et désagréable on le voyait se recueillir, se mettre à genoux même, pour invoquer Marie ; et Marie l'assistait.

En lui se réalisait bien la célèbre exhortation de saint Bernard qu'il redisait fréquemment : « *Pensez à Marie, invoquez Marie, que son nom revienne toujours sur vos lèvres, que son souvenir ne quitte jamais votre cœur.* »

Avec quelles expressions de confiance il parlait de sa céleste Mère ! Quels beaux titres il lui décernait, et quelle joie filiale quand il rencontrait en chemin quelqu'une de ses images ! S'arrêtant alors un instant et s'adressant à son compagnon : « Voici notre Mère, disait-il ; et il n'est jamais arrivé qu'une âme gardée par elle et confiante en sa maternelle protection se soit perdue. »

Conscient par son habituelle méditation de ce que cette maternité divine avait coûté de douleurs à la Vierge Immaculée, il aimait à rappeler dans sa prédication la sanctifiante pensée des gémissements de notre Mère.

Marie favorisa d'une manière éclatante l'extraordinaire tendresse de Vincent pour elle. *Mère de la Saint Espérance,* elle fut spécialement vénérée et prêchée sou ce titre par le Bienheureux ; et elle lui obtint non seu lement une inaltérable confiance en elle mais une trè ferme et filiale espérance en Dieu.

Cette vertu d'espérance si douce, au cœur humain provoquait en lui de tels élans de joie qu'on l'enten dait parfois s'écrier : « Oui, j'espère me sauver par le mérites de Jésus-Christ et par l'intercession de ma ten dre mère Marie. »

Dans ses plus rudes épreuves il surmontait tout difficulté et toute idée angoissante en se confiant er Dieu : « Courage, courage, nous nous sauverons, disait-il Nous obtiendrons le Paradis. *Habemus fiduciam in introitu sanctorum in sanguine Christi.* »

Sans doute il lui arriva parfois de demander à se intimes : « Ferai-je mon salut, mon Frère ?... Arriverai je à la possession de Dieu ? » Il se recommandait mêm alors comme un pauvre pécheur aux prières de tous Mais confiant malgré tout dans la Passion du Sauveur dans le Sang du Calvaire, il retrouvait bientôt sa douc sérénité.

Cette invincible confiance l'accompagnait aussi dan ses occupations ordinaires et le soutenait parmi les plu onéreuses sollicitudes. L'économe de l'évêché faisait-i remarquer que toutes les ressources étaient épuisées qu'on n'avait plus rien à donner aux pauvres, Monsei gneur l'exhortait à bannir toute appréhension en disant « Dieu n'est pas pauvre, les trésors de la divine Provi dence ne nous feront pas défaut. » Et son espoir n restait pas confondu. Nous avons admiré avec quell sainte prodigalité il secourait tous les nécessiteux, e combien Dieu toujours l'assistait.

Il savait surtout tourner vers la confiance les cœurs abattus par le péché. De là cette affluence de pénitents qui si souvent assiégeaient son confessionnal, ou même ses appartements. Il savait aussi donner aux âmes de bonne volonté ce tonique précieux de l'espoir qui dilate dans la joie, et fait comme voler dans le progrès vers Dieu, vers le ciel.

Durant une retraite à Rome, atteste Marie-Louise Maurizi, il parla de la vertu d'espérance en considération surtout de la Passion de Jésus-Christ. Ses paroles eurent vraiment un effet merveilleux. Ce fut un complet revirement dans les âmes. De l'amour du monde elles en vinrent à l'amour le plus ardent pour Jésus Crucifié. »

Le Bienheureux écrivait un jour à un évêque affligé : « Votre épiscopat est rempli d'épines. Mais n'est-ce pas notre Dieu très aimant qui les y a semées ? Est-ce que ce Père si tendre ne saurait pas vous diriger, vous soutenir, vous réconforter ? Ne vous protégera-t-il pas comme la prunelle de ses yeux ? Je le sais, vous êtes dénué de bien des secours et des consolations humaines. Mais le Seigneur sait fort bien y suppléer et pénétrer jusqu'au fond du cœur. Nous avons été élevés à l'école de Jésus Crucifié, la vraie Sagesse du ciel. Si nous embrassons etroitement ce Sauveur très aimable, rien ne nous manquera, ni lumière, ni courage, ni forces jusqu'à la fin ».

Mais le grand mot qui explique tout ce que cet homme a pu réaliser d'œuvres admirables, tout ce qu'il a pu supporter d'adversités ou s'imposer de sacrifices, c'est le même que saint Bernard a trouvé quand il cherchait l'explication du crucifix. *Qu'est-ce qui a fait tout cela ? L'amour.*

C'est au contact de ce divin blessé de la Croix que Vincent embrasa son âme d'un incendie qui dévora tout.

Marchant toujours uni à Dieu, ce feu consumant des amabilités divines le mettait parfois comme hors de lui. Que de fois dans les corridors du Séminaire de Macerata on l'a rencontré sous l'impression de cette ineffable bonté !

Tout l'élevait à Dieu. Un jour qu'il prêchait une retraite à des religieuses, passèrent dans la rue je ne sais quels chanteurs s'accompagnant d'instruments de musique. Les voix étaient belles ; l'ensemble prenant ; et notre Bienheureux de dire à son compagnon : « Oh ! comme ces chants et cette musique m'élèvent à Dieu ! »

Si ce qui paraissait profane devenait pour lui un tel stimulant, qui pourrait traduire ce que produisaient en lui les adjuvants ordinaires de la piété ? Quand il fixait son regard sur le crucifix, ses yeux prenaient une réelle expression de tendresse, de compassion, et semblaient fascinés par cet abrégé sublime des douleurs rédemptrices.

Le cardinal Lambruschini a raconté que Mgr Strambi, étant allé visiter une dame milanaise pour l'assister de son ministère, fut ainsi fortement impressionné par une image de Notre-Seigneur. Il parut comme perdre conscience de lui-même, et se mit à parler de l'amour divin en des termes tellement chaleureux qu'il arrachait des larmes.

Au milieu de ses plus absorbantes occupations, parmi les affaires si glaciales de ce bas monde, la flamme intérieure de son cœur ne s'attiédissait pas. Elle jaillissait même de temps à autre en des soupirs comme ceux-ci : « Tout pour la gloire de Dieu ! Dieu seul ! Sa gloire ! »

Et, s'adressant aux autres, « travaillons, disait-il, fatiguons-nous ; mais seulement pour la gloire de Dieu ! »

Rien d'étonnant qu'épris à ce point du souverain Bien, il parlât volontiers et souvent de ce qu'il aimait tant. Il ne s'en lassait pas ; et, ce qui est bien appréciable, il n'en lassait jamais personne. Avec cette habileté que donne la conviction de la foi et la véhémence de l'amour, il savait vite passer à travers le réseau des banalités d'une conversation pour tourner toute l'attention et l'intérêt vers Dieu et les choses de Dieu.

Les récréations devenaient avec lui d'agréables conférences spirituelles d'où l'on ne sortait qu'enflammé d'amour divin. Il ne voulait pas, du reste, parler toujours, lui seul. Plus d'une fois s'adressant à son compagnon de voyage ou de mission : « Père, disait-il d'un air insinuant et saintement anxieux, mon cher Père, dites-moi quelque chose du Bon Dieu ! »

Ses lettres attestent partout les mêmes sentiments. Un exemple seulement. Il écrivait à un ami : « Notre exil, nous l'avons dit bien des fois ensemble, est un lieu de grandes misères. Dieu seul ; nous entretenir avec lui, vivre pour lui et son saint amour, voilà notre seule consolation. Tout ce qui est du monde, ou nous est à charge, nous tourmente ou nous ternit. Continuons d'aspirer toujours vers Dieu, vers Dieu seul ! »

Sa grande souffrance était de voir que le monde au lieu d'aimer Dieu l'offense sans cesse. « Ah ! que je suis malheureux, gémissait-il en apprenant quelque nouveau désordre, que je suis malheureux de voir mon Dieu si offensé ! »

Un blasphème qu'il entendait faisait aussitôt monter à ses lèvres une effusion de louanges réparatrices, et parfois aussi une sévère réprimande pour l'auteur de cet outrage envers Dieu. Car nul respect humain ne captivait le zèle de son amour pour réprouver les plus grandes fautes, ni même pour flétrir les plus légères. Ayant trouvé une fausseté flagrante dans un nouveau livre, il ne manqua pas d'en faire la remarque à l'auteur. « Est-ce que par hasard, lui dit-il, pour un être, écrits, les mensonges ne sont plus des mensonges et une offense envers Dieu ? »

Ce zèle toutefois ne lui enlevait pas la paix ; car dans les plus douloureuses conjonctures il s'apaisait dans l'affectueuse conformité à ce que Dieu permettait ou ordonnait. « Volonté de Dieu, disait-il souvent, volonté de Dieu ; que la volonté de Dieu soit faite ! Dieu le veut ainsi ; qu'il soit béni ! Vivons tranquilles dans les bras du saint amour, dans l'affectueux abandon au divin vouloir. »

Contre les plus dures épreuves son habituel et doux recours pour triompher de tout c'était de redire avec confiance : « Volonté de Dieu ! »

Nombreuses furent ses épreuves. L'une des plus grandes fut d'accepter l'épiscopat. Lui qui ne rêvait que solitude, humilité, pénitence et oubli du monde, lui qui voyait, aux splendeurs de sa foi vive, tout ce qu'a d'effrayantes responsabilités le gouvernement d'un diocèse, il fut, on l'a vu, comme atterré par l'ordre formel du Souverain Pontife. Mais sa résignation et son courage furent d'autant plus héroïques dans l'acceptation et dans l'inlassable activité de son zèle.

Ce qu'il eut à souffrir de la tourmente politique ou d'autres pénibles calamités ne fut jamais capable de l'arracher un instant à cette intime acceptation de ce que Dieu voulait. « Mon cher vicaire général, écrivait-il de Milan, je demande à Dieu du fond du cœur, qu'il nous accorde la grâce de dire sans cesse : *ma nourriture c'est de faire la volonté de celui qui m'a envoyé.* Reposons-nous donc dans le sein de Dieu, bien persuadés qu'il a soin de nous. Ne soyons pas impatients de connaître ses desseins, mais attendons *dans le silence et l'espoir.* »

Causant une fois intimement avec un P. Passioniste il lui manifesta des peines bien capables de décourager une âme moins bien trempée que la sienne. Mais pleinement soumis au bon vouloir divin il ajouta avec ferveur en montrant un crucifix : « Voilà le premier évêque de l'Église. Et comment a-t-il été traité ? Donc si nous avons, nous aussi, quelque chose à souffrir, qu'il en soit béni ! »

Pour que de tels sentiments lui fussent habituels il fallait que fréquemment la méditation vînt les imprimer fortement dans son âme. C'est bien de lui, en effet, que saint Chrysostome aurait pu dire que *l'oraison fut l'indice et le foyer du saint amour.*

Dès son enfance, nous l'avons admiré, grâce à l'innocente indiscrétion de sa pieuse mère, s'adonnant longuement à la prière dans le secret de sa chambre. C'est grâce à ce parfum de la prière que son adolescence put éviter la contagion du mal, facile alors comme aujourd'hui.

Mais devenu religieux il fut tellement adonné à l'oraison que partout, dans les Procès, les témoignages sur ce point abondent et surabondent.

Outre le temps ordinaire déterminé par l'horaire de la communauté, il savait toujours trouver des moments supplémentaires pour se plonger encore plus en Dieu et dans la contemplation de choses célestes.

Pendant qu'il était à Saint-Ange, quelqu'un le voyant

une fois sortir ainsi de l'église le visage enflammé par un long entretien avec Jésus-Hostie, ne put retenir ce cri d'admiration : « Oh ! en voilà un qui sait faire oraison ! »

Tout son extérieur donnait cette conviction quand il s'acquittait de ce saint exercice. Tout le créé semblait avoir disparu pour lui. Son attitude ferme, immobile et comme extatique, dénotait une très intime union avec Dieu. On était communément persuadé au couvent que le bien extraordinaire opéré par le P. Vincent était dû surtout à son esprit d'oraison ; tellement il priait avant de partir en mission, pendant ses travaux et après être revenu dans la solitude.

Il veillait avec un soin jaloux à ne pas se priver des moindres parcelles du temps consacré à l'oraison. Un jour un religieux manifeste le désir de lui parler pendant la méditation. Le Bienheureux lui demanda s'il voulait se confesser. — Non, lui fut-il répondu. — Mon enfant, dit-il alors avec douceur, je ne viendrai pas tout de suite, car c'est le temps de l'oraison. »

Et quand il fut de retour dans sa cellule, disposé à écouter tout ce qu'on voulait lui soumettre, il fit remarquer que si on manque le repas commun on y supplée ensuite en particulier, tandis qu'il n'est pas d'usage d'en agir de même pour l'oraison de règle.

Cette scrupuleuse fidélité l'accompagnait au plus fort de ses travaux apostoliques. Fallût-il prendre sur ses nuits déjà trop courtes, il n'hésitait pas. Ainsi on a souvent constaté que pendant le sommeil de ses compagnons, lui, à genoux dans sa chambre, tout absorbé dans la prière, réconfortait son âme dans d'intimes colloques avec Dieu.

Cette habituelle considération des réconfortantes vérités de la foi le pénétrait d'une profonde indifférence et même d'un réel mépris pour tout ce qui est purement humain et terrestre. Une conversation où il n'était question que de nouvelles du monde, d'intrigues politiques, d'intérêts matériels, lui était vite à charge s'il ne parvenait à lui prêter les ailes de sa foi pour s'élever jusqu'à Dieu d'une manière ou d'une autre. Par contre quelques lignes d'un livre pieux, de l'Imitation par exemple, suffisaient parfois pour l'absorber dans un sublime recueillement. Le grand livre de la nature charmait aussi, nous l'avons dit, ce parfait disciple de saint Paul de la Croix. Comme ce grand saint, dont il a si bien raconté la vie, il devait, lui aussi, entendre les fleurettes des sentiers lui dire : *aime ton Dieu !* Le trait suivant en est une preuve.

Comme il voyageait un jour près d'un fleuve, il demanda à son compagnon ce que signifiait ce murmure des eaux ; et sans même attendre la réponse il dit avec transport : « Ah ! ce fleuve crie amour, amour, parce qu'il est impatient de s'unir à son centre qui n'est autre que la mer. »

Puis élevant un regard où étincelait l'espérance il montra le ciel de la main et ajouta : « Voilà notre centre à nous ! »

Un grand parleur ne fut jamais homme d'intime union avec Dieu. Vincent évita tout excès de paroles même en voyage. Longuement parfois il se taisait afin de mieux converser avec Dieu. Pendant qu'il était à Milan, il suivit une station quadragésimale que le P. Tomson, Dominicain, donnait à la Cour. En s'y rendant il gardait le silence, disant tout au plus de temps à autre à l'abbé Natali qui l'accompagnait : « Mettons-nous en la présence de Dieu... Entrons au jardin des Olives...

Montons au Calvaire... et que ce grand monde ne nous trouble en rien. »

En vérité on pouvait toujours affirmer de lui ce qu'on répondit un jour à Macerata à un prêtre qui cherchait son évêque : « Monseigneur ?... il est en oraison. » Et le Cardinal Lambruschini lui appliquait avec non moins d'à-propos cette phrase écrite pour saint Martin de Tours : *Jamais il ne détachait son cœur de la contemplation.*

Conscient par lui-même des grands avantages de l'oraison, il ne cessait d'en recommander la pratique à tout le monde, et surtout aux ecclésiastiques. Que de fois n'a-t-il pas répété qu'il était impossible à un prêtre de mener une vie digne de sa vocation sans s'adonner à l'oraison ! « Ceux-là tombent, disait-il encore, qui abandonnent l'oraison. »

Aux exhortations il joignait des conseils pratiques pour bien s'en acquitter. Simple avec les débutants, il pouvait encore instruire les plus avancés dans cet art sublime de la prière. « J'approuve, écrivait-il à une âme pieuse, la méthode que vous observez dans l'oraison et j'insiste pour qu'avec une affectueuse diligence vous ne cessiez de vous entretenir avec Dieu dans l'intime tabernacle de votre cœur. C'est là, en effet, le désert sacré, le Calvaire, le Thabor, Gethsémani. La porte pour y pénétrer c'est une douce, paisible et confiante humilité ; et cette porte c'est l'Esprit-Saint qui l'ouvre. Oh ! qu'il fait bon être là et apprendre cette sagesse qui ne trompe pas ! Qu'il fait bon brûler de ces flammes qui purifient sans consumer ! »

Il sait aussi relever les courages défaillants dans les peines intérieures, plus fréquentes que les élans extatiques. « Je prends bien part à vos angoisses, écrit-il à une religieuse ; mais il me semble aussi qu'au milieu des ténèbres et des aridités d'esprit on peut encore trouver quelque réconfort, en songeant que le Seigneur veut par là ou punir quelque imperfection ou éprouver notre résignation, comme il l'a fait à l'égard de plusieurs saints. Et alors ce ne serait plus un signe d'indignation, mais au contraire un témoignage de sa particulière dilection. »

Il ne voulait pas davantage qu'on se mît à la torture par une foule de préoccupations, même inspirées par le désir de mieux faire, mais il recommandait le calme et la paix de l'esprit : « Souvenez-vous, écrivait-il à une dame, que le précieux héritage légué par Notre-Seigneur c'est la paix du cœur. Il faut donc soigneusement veiller à ne pas la perdre. Dès que notre esprit s'agite il faut demander pardon à Jésus, quelle que soit la faute qui ait troublé, et se remettre en paix. Pour obtenir plus aisément cette paix il faut demander au bon Maître la permission de pénétrer dans son côté blessé, et s'approcher de son cœur. Ne vous mettez pas ainsi en peine du scandale que vous auriez pu donner. Les saints, eux-mêmes, n'ont pas eu toujours toute la patience et la mansuétude requises. Mais ils ont ensuite remédié à tout en s'humiliant. »

Quand on a vu la rigidité extraordinaire que cet homme avait pour lui-même, on est surpris d'une direction si douce qui, du reste, est très sage. On croirait entendre le saint évêque de Genève, qui effectivement l'inspira plus d'une fois. « Si j'avais les lettres de saint François de Sales, écrivait-il à une âme en peine, je vous indiquerais beaucoup de passages très propres à vous maintenir dans la douce paix du cœur, spécialement la lettre 52 du premier volume. »

Du moins il veut en exprimer le sens : « Ne vous tourmentez aucunement de votre mauvaise humeur, de cet assaut de réflexions désagréables qui vous piquent comme autant d'épines et vous embrouillent l'esprit ; méprisez tout cela hardiment et allez de l'avant avec une sainte liberté comme si rien n'était. »

Il se dépensait ainsi de mille manières pour les âmes, s'ingéniait à les arracher au mal ou à les épanouir aux douces clartés de la grâce et de leur bonne volonté. Il ne s'en tenait pas là ; son zèle réveillait celui des autres et il n'était jamais plus éloquent que lorsque, parlant à des prêtres surtout, il rappelait le prix et la beauté de ces âmes qu'ils ont mission d'édifier et de conduire au salut.

Lorsqu'il n'était encore que professeur de ses jeunes confrères Passionistes, il leur faisait parfois un tableau si lamentable et si pathétique de l'état de péché où tant de chrétiens, eux-mêmes, croupissent trop souvent que les moins ardents au travail s'enflammaient du désir de sauver ces âmes, et de se préparer en conséquence.

Ce grand prédicateur du salut, de la pénitence et des plus sublimes renoncements ne limita pourtant pas sa charité à secourir les âmes. Pour le corps et toute infortune d'ici-bas il eut au cœur une telle compassion, et dans ses actes, un tel oubli de soi, que nous n'avons pas craint d'assimiler sa réelle tendresse à celle d'une mère.

Si dans le couvent où il était supérieur il y avait quelque malade, plusieurs fois par jour il allait le voir, s'offrait à l'assister en quoi que ce fût de la manière la plus gracieuse, et veillait à ce que rien ne manquât au soulagement du corps et au réconfort de l'esprit. Sa grande préoccupation était alors que la souffrance fût endurée avec mérite, et qu'à l'occasion de ces désagréments physiques l'âme fût embellie pour le ciel.

Même devenu évêque il se souvint toujours que la charité ne consiste pas seulement à secourir le prochain, au spirituel ou au temporel, d'une façon exacte et correcte ; mais qu'il faut mêler à tout cela cette délicatesse et cette bonté qui chez lui furent plus que de la politesse.

Le prochain, pour lui, ce furent d'abord ceux qui étaient très proches ; ses domestiques et le personnel de son évêché ou de sa résidence. Il voulait assurément qu'on fût respectueux, diligent et pieux ; mais lui, de son côté, n'avait rien de raide ou de prétentieux jusque dans les ordres qu'il devait donner. Aux expressions sèches et impérieuses il préféra toujours celles de l'humilité : « Mon enfant, l'entendait-on dire, ayez la bonté de faire telle chose. »

Et puis, bien qu'il n'eût demandé qu'un travail modéré ou un service très ordinaire, c'était avec une visible sincérité qu'il s'en montrait obligé.

Il ne s'isolait pas dans sa dignité ; volontiers il se laissait approcher ; appelait même, au besoin ; liait conversation, et habilement s'insinuait dans les âmes pour les élever à Dieu. S'il arrivait quelque désagréable surprise dans le service, ou bien il dissimulait charitablement, ou faisait doucement la remarque opportune.

Cela n'a pourtant pas empêché que les procédés du vénérable évêque n'aient été parfois empreints d'une juste sévérité. Ses intentions les meilleures ne furent pas toujours non plus interprétées en bonne part. Son zèle pour la discipline ecclésiastique et pour la vie chrétienne dans toutes les classes de la société, le firent co sidérer par certains comme un réformateur intempest et outrancier. De là lui vinrent critiques et calomnie ou même injures directes.

Sa patience fut au-dessus de tout. Il poussa si loi la perfection sur ce point que quiconque l'avait le pl désobligé en recevait des témoignages de bienveillan d'autant plus sensibles. L'autorité n'y perdait aucun ment son prestige ; car la violence n'était pas plus cap ble d'effrayer le prélat que d'altérer sa mansuétude. dit un jour à un clerc qui s'était oublié à son égard « Mon enfant, Vincent Strambi mérite tous les outrage mais comme évêque je suis obligé de réprimer vos ma quements. » Et il lui représenta si bien et avec tant bonté l'inconvenance d'une conduite insoumise et irre pectueuse que le délinquant fut gagné et se corrigea.

Aux paroles malveillantes il n'opposait que le silen et la prière, s'il voyait que la lumière était inutile impossible à faire.

Un soir qu'il revenait du Séminaire, il rencontra u professeur de l'Université de Macerata qu'il salua aim blement comme à l'ordinaire. Mais voilà que cet homn répond à son salut par une bordée d'injures et le mena de toutes les foudres du ciel parce que, prétend-il, Mo seigneur est cause de ce qu'une pieuse institution faveur des pauvres vient de péricliter. On ne pouva faire une imputation plus injuste et plus contraire a cœur de ce vrai père des pauvres. Néanmoins Vincer se tournant vers cet insolent se contenta de lui répo dre d'un ton calme et le visage serein, bienveilla même : « Mon enfant, Dieu sait tout. » Et continua son chemin il se mit à prier avec larmes pour celui q la passion ou l'ignorance aveuglait à ce point.

Pendant qu'il était à Milan, un émissaire du gouvernement vint encore le solliciter de prêter le serment refusé à Macerata. Bien entendu il refusa avec la même énergie. Le fonctionnaire voyant alors qu'il perdait complètement son temps se laissa tellement dominer par l'impétuosité de sa colère qu'il s'exhala en invectives très blessantes contre le courageux évêque qui, conscient de faire simplement son devoir, restait là sans mot dire et même sans donner la moindre marque d'indignation.

A la fin l'impertinent visiteur ayant tout dit et redit, et n'en pouvant plus, ne trouva rien de mieux que de se taire, lui aussi. Ce silence était plus dur pour lui qu'une verte réplique. Il parut même visiblement gêné de ses procédés tout à fait grossiers.

L'évêque alors de lui demander en souriant :

— « Avez-vous encore autre chose à me dire ?

Et lui, de répondre plus confus que jamais : « Et vous trouvez que ce n'est pas assez ainsi ? ... »

De fait le Bienheureux aurait pu recevoir de plus violents assauts sans broncher. Car depuis longtemps il s'exerçait à cette maîtrise de soi-même dans les moindres occasions disant pour s'encourager et encourager les autres : « Mon fils, la vertu est à celui qui en fait des actes. »

Sous les injures de la douleur physique et l'*irréparable outrage* des ans il ne fut ni moins patient ni moins souriant. Joignant même alors le mépris de lui-même à ce que l'infirmité avait déjà d'humiliant on l'entendait dire en plaisantant : « Oh ! comme la bête a vieilli ! » Et étroitement uni d'esprit et de cœur à Jésus Crucifié il baisait ses plaies divines et se résignait à tout.

D'ailleurs son esprit de mortification l'avait rendu

lui-même son premier persécuteur. A l'austérité com mune de la vie de Passioniste, qu'il voulut toujours gar der, il joignait le supplément douloureux de sa ferveu particulière.

Il semblait toujours ne s'accorder qu'à regret mêm l'indispensable. Un jour qu'à l'heure du repas il étai absorbé dans la bibliothèque du Séminaire, un élèv vint respectueusement lui rappeler que c'était le mo ment de se mettre à table : « Ah ! mon enfant, dit-i d'un air mécontent, quelle mauvaise nouvelle vou venez me porter ! »

Mais il savait prendre sa revanche en tourmentan son goût de bien des manières et sous de spécieux pré textes qui ne trompaient personne. Par ailleurs disci plines, croix armées de pointes de fer, et autres instru ments de ce genre, lui furent familiers dans le cloîtr et durant son laborieux épiscopat. Et tout cela il l voilait de son mieux sous l'aspect d'une rigoureus modestie qui elle-même, composée d'une foule de petit sacrifices, atteignait l'héroïsme.

Aussi un de ses confrères en religion a pu lui rendr ce témoignage : « C'était, dit-il, un homme qui ne pa raissait plus vivre dans un corps. Par l'expression d'ex traordinaire pureté qui rayonnait en toute sa personn il paraissait un ange dans une chair mortelle. »

Ayant pratiqué lui-même jusque dans sa vieilless cette exquise retenue des sens et surtout des yeux, il n cessa de la recommander à tous, et particulièremen aux jeunes élèves du sanctuaire : « La modestie, me enfants, la modestie ! » répétait-il avec force et convic tion.

On peut dire aussi qu'il fut l'émule des anges par so évangélique pauvreté. Comme eux il n'avait l'air d ne songer qu'aux autres quand il s'agissait des biens de la terre. Lui, qui donnait si largement qu'il paraissait parfois dépasser la prudence et en arriver à la prodigalité, il fut pour sa personne d'une parcimonie qu'à première vue on eût facilement confondue avec la lésinerie ou une certaine étroitesse d'esprit.

C'était du fond du cœur que ce vrai religieux avait tout quitté, même sa volonté que nous avons admirée si bien abandonnée au bon plaisir de Dieu. Jusqu'où alla la ponctualité et même la simplicité enfantine de ce parfait obéissant, la pieuse exagération suivante le montrera.

Étant encore simple missionnaire il reçut un jour du saint Fondateur une montre-réveil. C'était fort commode ; et à cette époque, chose assez rare. Raison de plus pour conserver soigneusement ce dépôt doublement précieux. Mais, on ne sait comment, arriva quelque accident, la montre fut détraquée, et le P. Vincent dut la rapporter au P. Paul dans ce piteux état. Le vénérable Supérieur, plutôt pour plaisanter ou l'éprouver que pour porter une défense formelle lui dit d'un air sévère : « Désormais ne touchez plus une montre. »

L'humble religieux se le tint pour dit. Depuis lors, même après la mort de saint Paul de la Croix, le P. Vincent ne portait plus de montre. En mission il la confiait à son compagnon ; lui ne la voulait pas. Lui demandait-on pourquoi ? — « Je ne puis pas, répondait-il d'un air convaincu, le P. Paul m'a ordonné de ne plus y toucher. »

Devenu évêque il trouvait encore moyen de pratiquer cette vertu par une telle condescendance, en tout ce qui était possible, que même chez lui ou dans son Séminaire il avait plutôt l'air d'un simple sujet que d'un supérieur ou d'un maître de maison.

Il goûtait ainsi par expérience ce qu'il écrivait à une pieuse dame : « Bienheureux celui qui peut faire au Seigneur le sacrifice de sa volonté propre, même dans les choses les plus innocentes et les plus saintes. Cela plait extrêmement au cœur de Dieu, nous fait acquérir la véritable liberté d'esprit et nous rend semblables aux anges.

Mais c'est surtout pour les âmes religieuses qu'il affirmait la nécessité de cette vertu fondamentale. Il écrivait un jour à la Servante de Dieu, Louise Maurizi : « Quand une novice, ou un novice, désobéissent volontairement pour la deuxième fois, ils ne méritent plus de rester au couvent. » Et encore : « Tenez fortement à l'obéissance, spécialement en ce qui concerne l'oraison et les mortifications extérieures. »

Quant à lui son grand âge et sa longue expérience ne lui servirent jamais de prétexte pour résister aux ordres de l'autorité, mais plutôt pour s'humilier. S'humilier, comme il était passé maître en cet art difficile, et avec quel naturel il l'exerçait à l'occasion !

Un jour qu'un de nos eunes étudiants l'aidait à refaire un peu son dur grabat il advint que des instruments de pénitence cachés là parurent tout à coup : « En voilà, dit alors Vincent, une hypocrisie peu ordinaire ! » Parole très simple ; mais qui a toute la spontanéité de la conviction.

Venait-il à s'apercevoir en conversation que par mégarde il avait annoncé comme prochain ce qu'il ne pouvait connaître que par l'Esprit de Dieu, il se taisait soudain, changeait de sujet et n'en soufflait plus mot.

Il n'avait pas moins de sollicitude pour cacher son mérite et ses talents que d'autres en ont pour les étaler. A son retour d'exil il s'aperçut qu'au réfectoire du

Séminaire on lisait la vie de saint Paul de la Croix, et que l'admiration faisait converger tous les regards vers celui qui l'avait si bien écrite. Immédiatement il ordonna qu'on prît un autre livre. « Mes écrits ne sont bons qu'à être mis au feu » dit-il un jour en y jetant une de ses homélies que le Délégué Apostolique se proposait de faire imprimer.

S'il n'en fit pas toujours ainsi, il garda du moins souvent l'incognito ; et par le vrai supplice qu'on lui infligeait en louant ses œuvres, on constatait la sincérité de son habituelle protestation : « A Dieu seul toute gloire, pas à moi ! »

Bien qu'il détestât la duplicité et tout ce qui sent la politique humaine, son habileté n'était pas médiocre pour poser en homme inhabile et ignorant. Il se disait volontiers peu disêrt ou un *bon vieux retombé en enfance ;* et, ce qui est encore plus difficile, il lui arriva de travailler de son mieux à le faire croire. C'est ainsi qu'en voyant dans son auditoire certaines personnalités marquantes, venues là pour admirer son éloquence, il a tenté de se diminuer dans leur esprit, soit en ne parlant qu'avec une extrême simplicité, soit même en prenant un autre sujet.

Il veilla aussi très soigneusement à ce que cet esprit d'humilité se maintînt dans sa Congrégation comme l'un des plus grands trésors légués par le saint Fondateur. Il répétait souvent à ses religieux : « Sans humilité on ne peut rien faire de bon. La science des chrétiens c'est l'humilité. »

Et si comme Supérieur il savait s'humilier, il excellait aussi à rabaisser tel ou tel sujet qu'il voulait préserver des fumées de l'orgueil ou renforcer dans le mépris de soi-même.

« Humilité, humilité, humilité, écrivait-il à une religieuse. O précieuse vertu, que de biens elle nous procure et nous conserve ! Humilité, vertu ennoblie audessus de toute expression par les exemples du Fils de Dieu ! Tenez pour un signe excellent le désir d'être rabaissée, méprisée, foulée aux pieds. »

Il savait aussi montrer combien cette vertu, qui paraît pusillanime et rampante, est au contraire forte et courageuse jusque dans nos défaites : « Nos misères écrivait-il encore, nos petites infidélités que nous commettons couramment ne doivent pas du tout nous déconcerter. Au contraire ; car cette constatation unie à l'amour de notre propre abjection et à une grande confiance en Dieu, nous procure de grands avantages. Celui qui se reconnaît le plus imparfait, dit saint Augustin, est le plus rapproché de la perfection. »

Nous terminerons ces avis par ce qu'il écrivait à une autre religieuse, sans songer qu'il exprimait ce qui s'est vérifié en lui-même : « S'humilier beaucoup, beaucoup devant Dieu, c'est le moyen d'obtenir de Dieu toutes sortes de grâces très précieuses. »

Non seulement, en effet, il fut orné de vertus héroïques ; mais des faits extraordinaires révélèrent parfois combien Dieu s'était plu à le favoriser de ces dons surnaturels, qui, sans constituer la sainteté, l'accompagnent du moins assez fréquemment.

Transfiguration de l'extase, pénétration des consciences, connaissance des choses lointaines et secrètes, faits miraculeux, tout cela brilla de temps à autre dans la vie de notre Bienheureux. Les témoignages qui en font foi sont là sous nos yeux ; mais voulant surtout édifier le lecteur plutôt que l'éblouir, nous n'ajouterons rien à ce que nous avons déjà eu l'occasion de signaler en racontant la vie.

Nous clorons donc ce chapître, déjà long qui pourtant n'a pas dit assez en laissant à toute âme de bonne volonté la consolante impression que si les vertus signalées ici sont admirables, elles demeurent aussi dans la plupart des cas mentionnés, très imitables.

CHAPITRE XX

Le sacrifice

Nous avons laissé Vincent tout heureux de savoir le Saint-Père hors de danger, et son propre sacrifice agréé. Mais s'il s'est offert comme victime tout paraît protester dans son état de santé contre une mort prochaine. On dirait que ce vieillard a retrouvé une vigueur nouvelle.

Vers cette époque étant allé visiter le Cardinal Fesch quelque peu souffrant, ce prélat fut étonné de le voir tout rayonnant de joie, et dit-il lui-même dans les Procès, avec l'agilité dans son allure d'un jeune homme de vingt-cinq ans. Sa surprise s'accrut d'autant plus qu'il l'avait vu peu de jours avant comme épuisé sous le poids de la vieillesse, se mouvoir avec peine et parler d'une voix presque éteinte. Il ne pouvait se rendre compte de ce changement si singulier et si prompt. Mais dans sa déposition il assura qu'il demeura plus tard convaincu que ce regain de vie et d'entrain avait été produit en Mgr Strambi par la claire révélation de son prochain passage à la gloire des Bienheureux.

Dans le courant de cette conversation Son Éminence vint à parler de sa nièce, la princesse Pauline Borghèse, et se montra étonnée de ce que le vénérable évêque, après avoir entendu la confession d'une dame si mondaine l'eût aussitôt admise à la sainte communion.

— « Pour cela, répondit Vincent, j'avais mes raisons, et je le ferais encore si l'occasion s'en présentait. »

Le cardinal reprit qu'il devait au moins obtenir par ses prières la persévérance de la princesse.

— « J'en ai la demi-parole de la part de la Sainte Vierge, dit le Bienheureux. Oui, oui, ajouta-t-il, la demi-parole ; oui, oui, la demi-parole. »

Puis on parla d'autre chose pendant une heure environ. Mais tout à coup Vincent interrompit tout et dit en se frappant la poitrine : « Je l'ai là, je l'ai là ! »

— « Qu'avez-vous là ? demande le Cardinal étonné.

— « La parole entière.

— « Quelle parole ?

— « Toute la parole de la Sainte Vierge, maintenant, concernant la princesse. Oui, je l'ai là ; et la princesse sera un grand sujet d'édification. »

« Je reconnus, atteste le cardinal, que pendant qu'il était occupé avec les hommes, Dieu opérait en lui ses merveilles, lui révélant les secrets de l'avenir. Et je me persuadai qu'il était toujours absorbé en Dieu, puisque ce qui, une heure avant, n'était qu'une demi-parole était ensuite devenu une parole complète. »

Le lendemain, 28 décembre, le Bienheureux célébra la messe dès le point du jour avec une ferveur plus ardente que jamais. Son action de grâces fut prolongée bien plus qu'à l'ordinaire.

Cependant il s'arracha à ce silence de l'amour et de l'adoration, et reçut encore quelques visites dans la matinée. Il accueillit tout le monde avec son habituelle bonté et parla des choses du ciel avec une expression qui semblait n'être déjà plus de la terre.

C'était la dernière fois. S'étant mis à table comme à l'ordinaire il se sentit tout à coup gêné, arrêté dans ses mouvements et dans sa voix qui n'articula bientôt plus rien d'intelligible. C'était l'apoplexie. A pareil jour saint François de Sales, dont il avait si bien pris l'esprit et les vertus, avait été frappé pareillement.

Du coup tout le Quirinal est en émoi ; et le Souverain Pontife encore convalescent en est tellement affecté qu'il ressent une aggravation de ses propres souffrances. Dès lors, et à son grand regret, ne pouvant pas visiter personnellement le cher malade, il lui envoyait, de jour et de nuit, son camérier secret ou tout autre prélat. Il donna aussi les ordres les plus pressants pour que par tous les moyens on essayât de conjurer ou d'atténuer le mal.

Tout fut impuissant.

— « Voulez-vous vous confesser ? demanda-t-on à Monseigneur.

— « Oui, put-il dire encore, oui, de suite. »

Sa confession finie il perdit complètement l'usage de la parole. Il reçut néanmoins l'Extrême-Onction en manifestant de profonds sentiments de piété. Les Passionistes qui l'assistaient lui suggéraient de saintes affections ; et son sourire, son doux regard, ses faibles gestes montraient qu'il s'appropriait ces pieux sentiments. On remarquait surtout cela quand il entendait parler du précieux Sang de Jésus qu'il avait tant vénéré toute sa vie. Aussi lorsque l'anéantissement semblait cesser un peu, il jetait un affectueux regard vers le crucifix, source ineffable du Sang divin et de toutes nos espérances. Il regardait encore avec une visible satisfaction l'image de Marie, de saint Paul de la Croix, ou même vers le ciel.

Rome à son tour s'émotionne à la pensée de perdre un saint. Princes de l'Église et de l'État accouraient le voir. On s'agenouillait devant cet agonisant, et déjà on réclamait son intercession. Puis tristement on se retirait en répétant : « C'est un saint que nous perdons ; c'est un saint. »

Parmi ces visiteurs il y eut plusieurs fois l'abbé Natali, son intime, et le confident sacré de la Bienheureuse Anna-Maria Taïgi.

« J'entrais fréquemment, raconte-t-il, lui-même, dans la chambre du malade. Le voyant en cet état, je me sentis inspiré d'aller chez Anna-Maria afin qu'elle priât la divine Bonté de lui faire la grâce de pouvoir communier. Je la trouvai, ce soir-là, tricotant son bas devant une table. Je me souviens très bien qu'en entendant ce que je demandais elle quitta son travail, mit sa tête entre ses mains, et pria quelques minutes. Puis elle leva les yeux vers le ciel ; et se tournant vers moi, elle me dit : « Avertissez ceux qui l'assistent, et dites-leur de commencer la messe à l'aurore, pour lui donner la communion. Il aura l'esprit lucide et libre. Il pourra communier. Il aura même le temps de faire l'action de grâces ; puis il retombera dans le coma d'où il passera au repos éternel. »

» J'allai porter cet avis à ceux qui assistaient Monseigneur, conclut Natali, et tout s'accomplit à la lettre. »

De fait le 31 décembre une amélioration subite se manifesta. Vite on demande au moribond s'il veut communier : « Oh ! c'est là tout mon désir, dit-il avec un geste expressif. »

Quand il voit entrer dans sa chambre son doux Sauveur, son visage s'enflamme, son amour séraphique ranime ses forces ; et, de lui-même, il prend l'attitude de la plus respectueuse adoration.

On est touché, on est édifié ; et le religieux qui le communie récite les prières avec des sanglots.

Lui, s'abîme, non plus seulement dans la douleur physique, mais dans le recueillement, dans une dernière étreinte d'amour avec son Dieu Crucifié, avant le départ pour l'Éternité bienheureuse.

Ce fut l'action de grâces prédite par Anna-Maria, puis, aussi le retour à l'épuisement complet d'auparavant.

Le soir le Pape, toujours plein de sollicitude, lui faisait porter la *bénédiction apostolique.* Le mourant ouvrit les yeux, et parut donner un signe d'assentiment lorsque le P. Luc, son confesseur, le bénit au nom du Saint-Père.

Et le lendemain, 1er janvier 1824, dans un dernier baiser au crucifix, Vincent exhalait son âme.

Tout était consommé, et le Paradis s'ouvrait.

CHAPITRE XXI

L'auréole

La glorification de cette âme rendue encore plus pure par les suprêmes douleurs de l'agonie ne tarda pas à se manifester par des merveilles.

Le jour suivant la Servante de Dieu Marie-Louise Maurizi, dont la déposition est inscrite aux Procès, fut ravie en extase après la communion. Elle vit le saint évêque rayonnant de gloire et projetant surtout par son regard une ravissante clarté. Et elle comprit que cette extraordinaire irradiation de ses yeux venait de son inviolable modestie, et de l'extrême pureté d'intention qu'il avait portée dans tous ses actes.

Sa dépouille sacrée elle-même parut avoir comme un reflet lointain de la sérénité et de la joie du ciel. Revêtu des habits pontificaux, le saint corps fut exposé dans une des salles du palais ; et dès que les portes de la chapelle ardente furent ouvertes, une foule, composée de toutes les classes de la société, s'y renouvela constamment. Surgit même une pieuse contestation que le Pape dut dirimer. Les religieux sur la paroisse desquels se trouvait le Quirinal auraient voulu que l'inhumation se fît dans leur église. Par ailleurs, on le comprend, les Passionistes réclamaient pour eux les précieuses reliques. C'est alors que le Saint-Père, se souvenant du désir que Vincent lui avait manifesté, ordonna le transfert dans la basilique de Saints-Jean-et-Paul. Ainsi s'accomplissait ce que le Bienheureux avait prédit : « Quarante jours au Quirinal ; et puis, au couvent de Saints-Jean-et-Paul. »

Le 3 janvier se déroula donc du palais au Cœlius, le cortège funèbre qui parut plutôt une marche triomphale. Jamais on n'avait vu dans l'antique église une telle affluence. Ecclésiastiques, religieux, — entre autres le P. Général des Jésuites — séculiers de tous rangs, prélats, cardinaux, tous voulaient voir le Bienheureux, prier près de lui, emporter quelque relique.

On avait bien posté une garde ; mais les Procès n'en attestent pas moins que plusieurs fois on dut changer les vêtements sacrés pour satisfaire la pieuse rapacité de la foule.

Le Pape Léon XII, lui-même, demanda comme une compensation à sa profonde douleur l'anneau et la croix pectorale du vénérable évêque. Il envoya aussi un artiste peintre pour fixer au moins sur la toile ces traits vénérés. Et devant ce tableau, qu'il fera placer dans sa chapelle particulière, il continuera de puiser, en invoquant Vincent, quelque chose du réconfort qu'il trouvait à s'entretenir avec lui.

C'était déjà le quatrième jour ; et la flexibilité des membres persistait. Frappé d'un tel phénomène le cardinal Vicaire dit qu'il fallait encore attendre. Le septième jour, le R. P. Capellari, — le futur Grégoire XVI, — prit la main du Bienheureux et sans difficulté aucune lui fit tracer le signe de la croix. Le lendemain, même flexibilité, même beauté calme et majestueuse que le trépas semblait toujours respecter.

Il fallait bien pourtant procéder à l'inhumation. Le soir à grand peine on décida la foule à quitter la basilique. Puis se forma un cortège choisi où figuraient plusieurs prélats, et l'on se dirigea vers l'une des chapelles.

Trois cardinaux et un notaire apostolique procédèrent *à la reconnaissance du corps*, et dans le cercueil on déposa l'abrégé de cette vie qui avait exactement duré 79 ans.

Sur le sépulcre, situé dans la basilique même, et où reposait encore alors Paul de la Croix, on n'ajouta qu'une modeste inscription avec ces trois mots désormais inoubliables : Vincent-Marie Strambi.

Le fatal oubli qui retombe si lourdement sur presque tous les tombeaux n'effaça jamais des cœurs pieux et confiants ce nom béni et toujours invoqué. Aussi, comme son illustre Père et Fondateur, notre Bienheureux a déjà quitté, à la voix du Vicaire de Jésus-Christ, ce sépulcre qu'ont glorifié les miracles ; et il reçoit aujourd'hui le solennel hommage des foules priantes.

Oui, ce sépulcre a été glorieux ; et par d'humbles objets qui rappellent ce mort, Dieu se plaît parfois à redonner santé et vie. Tantôt c'est, à Macerata, la guérison subite d'une pleurésie par le contact d'un vêtement du Bienheureux ; tantôt c'est, près de Fermo, la disparition non moins soudaine d'un cancer par l'application de quelques-uns de ses cheveux.

Au Port Saint-Étienne, c'est une petite scrofuleuse de six ans, dont le mal douloureux et mortel guérit instantanément après un *Pater* en l'honneur de Vincent alors qu'une image touche la plaie. A Civitavecchia, c'est une dame déjà presque mourante qui, regardant le portrait de son vénéré compatriote, lui dit avec ferveur : *C'est à vous maintenant de prouver si vous êtes un saint.* » Immédiatement elle se trouve guérie.

Citons encore le cas d'un novice carme de Jési, qui après une grave blessure au bras et une infinité de remèdes impuissants, se voyait à la veille d'une opération, ou même d'une amputation. Il promit au Bienheureux de réciter pendant quelques jours certaines prières ainsi que l'offrande du Précieux Sang. Et ce temps à peine écoulé, toute enflure cessa. Ce fut sa guérison.

Les grâces et les miracles attestés avec serment dans les procès sont bien plus nombreux. Mais les redire, et avec le réalisme forcé d'un style plus ou moins médical n'ajouterait rien à notre dévotion. Car ces misères humaines, bien que très diverses d'aspect ou de gravité, convergent toutes vers cette unique et essentielle constatation : la façon prodigieuse dont elles ont disparu.

Cet ensemble merveilleux de bienfaits, aussi tangibles qu'humainement inexplicables, rappelle une fois de plus à notre esprit ce qu'affirme l'Écriture : Aux yeux des insensés ce juste paraissait mort. Mais il vit pour l'éternité et sa récompense, c'est d'être auprès du Seigneur.

Sur la terre l'Église lui décerne l'auréole des Bienheureux. C'est nous dire que Vincent désormais assuré de son salut, ne garde plus de sollicitude que pour le nôtre. Tombons donc à genoux devant ce nouveau protecteur céleste ; et après l'avoir admiré puissions-nous obtenir de l'imiter !

TABLE

Imp. Desclée, De Brouwer et Cie, Lille. — 3.071

“PASSIONI-STA”

Revue mensuelle ascétique de la Passion avec très courte chronique.

Un an	Édition ordinaire	France	8 fr.
		Étranger	12 fr.
	Édition de luxe	France	16 fr.
		Étranger	20 fr.

Le numéro	ordinaire	0 fr. 75.
	De luxe	1 fr. 50.

Abonnement à : M. le Directeur de « *Passioni-Sta* » à Mérignac (Gironde). Chèques postaux : Jourdin c/c 17.418. Bordeaux.

On peut se procurer les Ouvrages suivants

chez M. l'Abbé THOLE, Tonneins, L-&-G.

Chèques postaux : 4064-Bordeaux

Quant à nous ?... Jésus Crucifié ! In-12 de 200 pages. Nouvelle édition. Prix : *franco*, 3 fr. 50.

Cette nouvelle édition, venue de Béthanie en septembre 1923, recevra bon accueil et gagnera, nous le souhaitons, des âmes généreuses au bel idéal que poursuivent les fils de saint Paul de la Croix.

Rien n'est omis de ce qui peut préparer une âme à entendre et à suivre l'appel divin par amour pour Jésus crucifié.

La vie du saint fondateur, la règle vécue par ses fils, les principales fondations, les belles figures de saints et d'apôtres, en particulier saint Gabriel de l'Addolorata, puis ce P. Dominique qui reçut l'abjuration de Newman, et ce P. Charles, fondateur de Béthanie.

Enfin, pour les « Filles du Calvaire », seconde famille du saint Passioniste, l'auteur aussi présente ce que doivent savoir celles que l'amour du Christ attire et qui veulent, avec Marie, rester debout près de la Croix (*Études* des Pères Jésuites).

Vie de Gemma Galgani, la séraphique vierge de Lucques (1878-1903), 26e mille.

La Vie merveilleuse de **Gemma Galgani**, véritable drame de l'amour divin, est traduite en presque toutes les langues.

Édition complète, adaptée de la dernière édition italienne. Bel in-8 de 400 pages, orné d'une couverture artistique et de cinq simili-gravures hors-texte. Prix : *franco*, 9 fr., relié : 14 fr.

Gemma Galgani : *Mysticisme ou Psychopathie* ? Dissertations par l'auteur de la « *Vie de Gemma Galgani* ».

Brochure in-8° raisin de 60 pages. — Prix 1 fr. ; par poste, 1 fr. 30.

Images diverses de la séraphique vierge.

Marie, Porte du Ciel: sa vie, ses privilèges, ses vertus, par le R. P. Dominique de Jésus, Passioniste. Vol. in-32 de 292 pages, divisé en 31 courts chapitres, et pouvant servir de mois de Marie. Prix : *franco*, 2 fr. ; relié, 2 fr. 50.

Saint Gabriel de l'Addolorata, nouveau modèle et Patron de la jeunesse, de la Congrégation de la Passion, par le R. P. Bernard, C. P. Un beau volume in-8, de 420 pages avec nombreuses gravures. Prix : *franco*, 6 fr. 60.

Nouveau fleuron de la couronne de Marie, ou *Triduum* et *Prières* en l'honneur de saint Gabriel de l'Addolorata. Petite brochure de 32 pages. Prix : *franco*, 0 fr. 55.

Cartes postales du même Saint. Le cent, 6 fr. *franco* ; les cinquante, 3 fr. 60.

Une Passioniste : Mère Marie-Thérèse-Marguerite du Sacré-Cœur, fondatrice du monastère de Mamers (Sarthe), et ses premières compagnes (1841-1914). Fort beau volume in-8 de 580 pages. Prix : *franco*, 12 fr.

Vie de Saint Paul de la Croix, (1691-1775), fondateur de la Congrégation de la Passion, 2e édition, par le R. P. Louis-Thérèse de Jésus-Agonisant C. P., un volume in-12 de 400 pages. Prix : *franco*, 6 fr.

Fleurs de la Passion. Pensées de saint Paul de la Croix, fondateur des Passionistes, cueillies dans les lettres du Saint, par le R. P. Louis-Thérèse de Jésus-Agonisant, C. P., deuxième édition, un vol. in-18, p. XVI-210. Prix : *franco*, 3 fr. 30.

Saint Joseph : sa vie, ses privilèges, ses vertus, par le R. P. Dominique de Jésus, Passioniste. Vol. in-32 de 226 pages. Prix : *franco*, 1 fr. 80 ; relié, 2 fr. 25.

Les Anges : leur nature, leur mission, etc. du même auteur. Vol. in-32 de 390 pages. Prix : *franco* 2 fr. 50.

Les Ames du Purgatoire, du même auteur : leurs souffrances, leurs consolations. Vol. in-32 de 232 pages. Prix : *franco*, 1 fr. 80.

Panégyrique de Sainte-Marthe, prononcé dans la chapelle des Pères Passionistes, à Béthanie, près Jérusalem, par M. le chanoine Legrand, secrétaire-général du Patriarcat de Jérusalem. In-8 de 32 pages, où sont groupés tous les détails historiques connus de la vie de la sainte. Prix : *franco*, 0 fr. 75.

www.ingramcontent.com/pod-product-compliance
Ingram Content Group UK Ltd.
Pitfield, Milton Keynes, MK11 3LW, UK
UKHW022102260726
13993UKWH00001B/279

9 782329 207346